10년째
영알못은
어떻게
100일 만에
영어천재가
되었을까

2주의 마법 100일의 완성, 기적의 영어로드맵

10년째 영알못은 어떻게 100일만에 영어천재가 되었을까

초 판 1쇄 2018년 07월 25일
초 판 3쇄 2022년 11월 28일

펴낸곳 미다스북스
총괄실장 명상완
책임편집 이다경
책임진행 김가영, 신은서, 임종익, 박유진

등록 2001년 3월 21일 제2001-000040호
주소 서울시 마포구 양화로 133 서교타워 711호
전화 02) 322-7802~3
팩스 02) 6007-1845
블로그 http://blog.naver.com/midasbooks
전자주소 midasbooks@hanmail.net
페이스북 https://www.facebook.com/midasbooks425
인스타그램 https://www.instagram.com/midasbooks

© 이정은, 미다스북스 2018, *Printed in Korea*.

ISBN 978-89-6637-584-4 13590

값 15,000원

「이 도서의 국립중앙도서관 출판예정도서목록(CIP)은 서지정보유통지원시스템 홈페이지(http://seoji.nl.go.kr)와 국가자료공동목록시스템(http://www.nl.go.kr/kolisnet)에서 이용하실 수 있습니다.(CIP제어번호: CIP2018022766)」

미다스북스는 다음세대에게 필요한 지혜와 교양을 생각합니다.

10년째 영알못은

2주의 마법 100일의 완성, 기적의 영어로드맵

어떻게
100일 만에
영어천재가
되었을까

이정은 지음

미다스북스

● 영포자도 영어천재 만드는 갓주아의 마법!

▶ 세상 사람들 다 이 강의 들어봤으면 좋겠어요!!

어제 목표 점수를 받고 신나서 쓰는 후기입니다! 사실 제게 영어는 항상 힘들었고 영어로 문장은커녕 단어도 제대로 말하지 못했습니다ㅠㅠ.

욕심을 내서 IH를 목표로 달렸는데 그 목표를 달성하니 말할 수 없게 기분이 좋아요!!! 동아리 친구들이 강추해서 왕복 4시간 거리인데도 수강신청해서 들었네요ㅋㅋ 근데 돈도 시간도 전혀 아깝지 않아요. 정말 최고라는 말로도 부족한 강의였습니다ㅠㅠ 갓주아쌤 만세!! – jsh9*** (2018-03-14)

▶ 기적의 3주 영어공부법! 소리로 끝내는 초초강추 갓주아!

주아 선생님의 영어강의는 정말 가장 확실한 선택으로 강력추천합니다. 하지만 모든 숙제를 반드시 매일 해내셔야만 성적을 낼 수 있습니다. 만약 과제를 다 수행하신다면 이미 목표성적은 쟁취하신 것이나 다름없습니다. 저는 시험장을 나서는 순간 확신해서 그냥 주변 지인들에게도 다 끝이라고 했었던 것 같습니다. 목표성적이 무엇이라도 갓주아 선생님과 함께라면 3주면 충분합니다.
　– smh4*** (2018-07-03)

▶ 너무너무 재미있는 영어강의!!

갓주아쌤의 강의는 공부하러 가기보다는 영어로 재밌게 시간 보내다 오는 느낌입니다. 학생 한 분 한 분 소리를 튜닝해주세요. 영어 발성이 한국말과는 다르기 때문에 어떻게 말해야 하는지, 어디서 힘을 줘야 하는지 등등에 대해 자세하게 알려주십니다.

그리고 주아쌤 수업교재가 정말 좋습니다. 모든 문제, 돌발 질문에 대해 답변할 수 있게 되고 영어회화를 할 때에도 어디서든 유창하게 말할 수 있을 것 같습니다. 힘들고 스트레스 받을 때마다 주아쌤께서 매일매일 카톡으로나 수업시간에 학생들의 멘탈을 잡아주시고 성공하는 방향으로 이미지 트레이닝을 시켜주십니다. 저는 사실 이 부분이 가장 좋았습니다. 포기하고 싶을 때마다 강한 동기부여를 심어주십니다. 주아쌤 강의를 초초강추합니다. – top3*** (2018-06-06)

▶ 첫시험에 목표달성!! 주아쌤 강추해요!! :)

영어공부에 손을 뗀 지 3년!
주아쌤 덕분에 첫 시험에 바로 목표했던 성적을 받았습니다!!
처음 등록할 때에는 공부 안 한 지 오래되기도 했고, 원래 회화를 정말 못 했어서 걱정이 많았는데, 첫 수업에 주아쌤께서 믿고 따라오면 무조건 된다고 말씀해주셔서 자신감을 갖고 시작했습니다!

주아쌤 수업을 추천하는 이유는!! 첫째! 재밌습니다 ㅋㅋ 둘째! 교재입니다. 수업이 진행되면서 교재가 얼마나 훌륭한지 느끼실 거예요 ㅎㅎ 얼마나 많이 연구하셨을지 정말 주아쌤 대단하신 것 같아요ㅠㅠ! 셋째! 주아쌤의 철저한 관리입니다. 넷째! 실생활에서도 유용한 표현들입니다. 다섯째! 실전모의고사 연습입니다.
주아쌤만 믿고 따라가시면 끝까지 책임져주실 거예요!! 모두 주아쌤 강의 들으시고 목표점수 얻으시길 바랄게요!! 수업 듣는 내내 너무 즐거웠고, 좋은 성적 얻게 해주신 갓주아쌤! 감사합니다 :) – min9*** (2018-05-03)

'영어천재'들도 처음에는 모두 '영알못'이었다

"저도 영어를 잘할 수 있을까요?"

영어의 신들도 처음부터 영어를 잘했던 것은 아니다. 모든 성공한 사람들도 처음부터 성공한 것은 아니었다. 박지성은 처음부터 축구를 잘하지 않았고, 김연아도 처음부터 스케이트를 잘 타지는 못했다.

처음부터 자전거를 쉽고 편하게 타는 사람은 없다. 어떤 사람도 처음 수영을 배울 때는 물에 자꾸 가라앉는다. 지금은 영어의 신이 된 사람들도 처음에는 '영알못'이었다. '영어천재'와 '영알못'의 차이는 단지 훈련을 언제 얼마나 즐기면서 꾸준히 했느냐 그렇지 않느냐다. 당신이 '영알못'이라면 그 만큼 영어 말하기 훈련을 안했을 뿐이다. 해도 안 된다고 말하는 사람들의 방법이 잘못되었을 따름이다. 기죽을 필요 없다. 이 책에서 제시하는 영어 인생 로드맵에 따라 훈련하면 된다.

산에 오를 때 정상이 어디인지 모르고 무작정 오르면 중간에 포기할 가능성이 높다. 끝이 어디인지 모르니 참기 힘들면 내려가고 싶은 법이다. 그런데 당신에게 정상까지 가는 내비게이션이 있다면 어떨까?

내비게이션을 따라 산을 오르면 우선 지금 당신의 위치를 정확히 파악할 수 있다. 그리고 정상까지 얼마나 더 걸리는지 확인해볼 수 있다. 보통 2/3 지점에 왔을 때 우리는 체력적으로 힘들다고 느낀다. 그럴 때 내비게이션이 "조금만 더 가면 정상입니다."라고 말한다면 어떨까? 갑자기 없던 힘이 생겨서 빨리 정상까지 뛰어가고 싶을 것이다.

나는 이 책이 여러분의 영어 인생에 내비게이션 역할을 했으면 좋겠다. 영어를 단편적이고 기계적으로 공부하는 것이 아니라 합리적인 단계와 구체적인 필요성에 따라 익히고 연마하는 것이다. 그래서 나는 그 방법에 목표와 끝이 있어서 그저 잘 따라가기만 하면 되도록 단계별로 설명했다.

"이것만 하면 나도 영어천재가 될 수 있다!"
비록 '영알못'이라도 이런 확신을 갖고 훈련할 수 있도록 만들었다. 사람마다 원하는 '영어천재'의 수준은 다를 것이다. 미국인 6세 수준만 하면 된다고 생각하는 사람은 언어 습득 1단계까지만 하고 바로 유지단계로 들어가면 된다. 하지만 미국인 12세 정도 수준의 영어를 구사하고 싶다면 1단계 훈련 후 2단계 훈련으로 들어가서 훈련법에 따라 연마한 후 유지단계인 3단계로 들어가면 된다.

이 책에 나온 훈련법은 외국어 습득에 '특별한 재능이 있는 사람을 위한 특별한 훈련법'이 아니다. 오히려 그동안 수천 명의 수강생들을 대상으로 이미 검증된 영어 소리튜닝 방법이다. 다양한 오감을 가진 수강생들이 모두 이 훈련법에 의해서 영어에 자신감을 갖게 되었고 자신의 분야에서 인정을 받게 되었다. 나는 모든 오감을 자극시킬 수 있도록 훈련법을 구성했다.

무작정 영화를 100번 듣고 따라 하라는 식의 훈련법과는 차원이 다르다. 물론 이렇게 해서 영어 습득이 되는 사람도 있다. 그러나 문제는 안 되는 사람이 더 많다는 사실이다. 사람마다 다르게 발달한 오감을 무시하고 자신에게 특별하게 효과적이었던 방법을 강요하는 것은 옳지 않다.

내 강의 경험상 100번 듣고 따라 해도 안 되는 사람이 있다. 이런 사람들에게는 소리의 원리를 설명하고 이해시켜주어야만 한다. 그러면 조금씩 바뀌기 시작한다.

골프를 배울 때도 강사가 손을 잡아줘서 그 느낌을 기억해서 치는 사람도 있지만 골프채를 휘두르는 방법과 원리를 설명해주고 훈련해야 더 이해가 빠른 사람들이 있다. 모든 사람들의 언어 습득 유형이 다르다는 사실을 알아야 한다.

영어천재가 되는 길로 안내하는 내비게이션!

자, 이제 당신은 '영어천재'로 가는 길의 정확한 내비게이션을 갖게 되었다. 이 내비게이션이 당신에게 정상까지 가는 길을 알려줄 것이다. 훈련하다가 힘들 때면 내비게이션이 정상까지 얼마나 남았는지 알려줄 것이다. 끝이 어디인지 모르는 안개가 자욱한 길을 걷지 않아도 된다.

이제 당신의 발밑에는 목표지점까지 빨간색 레드카펫이 깔려있다. 확실한 방법을 따라가기만 하면 된다. 중간에 지치면 잠시 쉬어도 된다. 어차피 다시 일어나서 가면 된다.

단지 목표지점까지 가기 위해서는 당신의 강한 의지와 단단한 마인드가 필요하다. 그래서 이 책에 언어습득 0단계로 '마인드튜닝법'이 있는 것이다. 이 마인드튜닝법을 몸에 체화시키면 당신은 무슨 목표든 이룰 수 있다.

'영알못'인 당신은 왜 '영어천재'로 거듭나야 하는가?

"아, 저는 영어천재까지 될 생각은 없는데요?"

이렇게 되묻는 독자 분들을 위해 '영어천재'에 대해 정의를 내리겠다. 내가 말하는 '영어천재'는 자신의 생각을 아무 제약 없이 유창하게 말할 수 있고 흘러가는 영어의 소리도 잡아낼 수 있는 수준이다. 모국어 수준으로 비교한다면 모국어 12세 되는 수준이다. 그러니까 초등 6학년에서 중학교 1학년 정도의 영어 실력이 유창한 미국인 학생을 생각하면 된다.

그렇다면 '영알못'인 당신이 이 정도 수준의 '영어천재'가 되었을 때의 삶을 상상해보라!

당신이 모국어 12세 수준으로 영어를 유창하게 할 정도라면, 당신의 삶은 어떻게 달라질 것인가?

단언컨대 당신의 분야에서 당신의 가치는 아주 높이 빛날 것이다. 그 분야가 어디든 전혀 상관없다. 영어가 전혀 필요할 것 같지 않은 분야에서조차 지금보다 훨씬 더 많은 기회가 기다릴 것이다. 영어를 잘하는 당신 앞에!

수강생 가운데 직업이 소방관인 분이 있었다. 소방관이라면 사는 데 영어가 무슨 필요가 있을까 생각하기 쉽다. 물론 나조차도 그렇게 생각했다. 영어를 공부하던 그분도 워낙 영어를 좋아해서 훈련을 시작하신 것이지 무엇이 되겠다고 작정하고 공부를 한 것이 아니다. 하지만 그분은 내 강의를 듣고 훈련을 다 마친 후 유창한 영어 소리로 원하는 바를 자신 있게 말할 수 있게 되었다.

그러던 어느 날 그분에게서 문자가 왔다.

'선생님, 제가 영어를 잘한다고 소문이 나서 소방본부에서 개최하는 해외 관련 행사에 참여하고 해외 통역 일을 맡게 되었습니다. 정말 감사합니다.'

나는 이 문자를 받고 깜짝 놀랐다. 영어랑 전혀 상관없을 것 같은 분야에서조차 '영어 실력'은 저렇게 빛을 발할 수 있구나! 이렇듯 영어와 낯선 분야에서도 영어를 조금만 잘하면 더 쉽게 더 많은 기회를 얻을 수 있다.

영어천재들의 무대는 전 세계다

만약 취업이나 이직을 원한다면 굳이 한국에서 아등바등 살려고 할 필요가 없다. 자신의 가치를 더 알아주는 나라나 글로벌 기업에서 일하면 된다. 그런 능력이 있음에도 불구하고 영어에 자신이 없어서 국내에서 일해야만 하는 것은 슬픈 일이다. 내가 한국에서 일하고 싶어서 하는 것과 어쩔 수 없이 하는 것은 천지차이다.

나는 전 세계 어디서든 일을 구하고 잘 살 자신이 있다. 나는 3개 국어에 능통하기 때문이다. 오래 전 나는 아무 연고도 없이 뉴욕에 갔을 때도 잘 살 자신이 있었다. 실제로 나는 뉴욕에서 쉽게 일을 구하고 생활할 수 있었다. 영어천재들은 전 세계 어디에 떨어져도 두려움이 없다. 그들에겐 어디서든 친구를 만들고, 일을 얻고, 생활을 할 수 있게 도와주는 강력한 무기가 있기 때문이다. 영어라는 무기는 전 세계 어디서든 통하는 마법의 도구다.

러시아에서 비즈니스 협상을 할 때 나는 때때로 러시아어로 하지 않고 영어로 했다. 이유는 간단하다. 여하튼 내가 러시아어를 그 나라 사람들만큼 잘할 수 없었기 때문이다. 그러니 협상을 할 때 그 나라 사람들 말로 하는 것은 나에게 불리한 일이다. 그래서 나는 일부러 영어로 했다. 러시아에서 생활할 때도 가끔 영어로 말했다. 그러면 원래 불친절하던 러시아인들도 친절해지곤 했다.

영어권 국가를 제외한 전 세계 사람들에게는 영어에 대한 로망이 있다. 다들 마음속으로는 영어를 잘하고 싶어 하는 것이다.

여행도 마찬가지다. '영어천재'가 되면 아프리카를 여행해도 두려움이 없다. 영어는 국제 공용어이기 때문에 어디서든 통한다. 나라마다 수준이 조금 다를 수는 있지만 영어가 다 통하는 건 사실이다. 영어를 못해서 어쩔 수없이 힘든 패키지여행을 가는 사태가 발생하지도 않는다. 하루 종일 버스만 타고 정해놓은 스케줄로 다니지 않아도 된다.

내가 정한 스케줄로 내가 먹고 싶은 걸 먹으면서 자유롭게 그 나라를 즐기면 된다. 애초에 계획도 그렇게 힘들게 짜지 않아도 된다. 모르면 물어보면 된다. 그리고 가끔 '바bar'나 '펍pub'에 가서 그 나라 사람들을 사귈 수 있다. 전 세계인과 친구가 될 수 있다.

하지만 영어를 못하면 아무리 마음이 앞서도 표현할 수가 없으니, 어떻게 친구가 되겠는가? 그냥 대충 손짓, 발짓해서 대화를 하는 것은 서로 답답한 일이다. 그런 관계는 오래가지도 못한다. 영어천재가 되면 한국 친구와 대화하듯 농담도 하고 깊은 대화도 나눌 수 있다. 전 세계에 마음이 맞는 무수히 많은 친구들이 나를 기다리고 있다. 단지 영어를 못한다는 이유로 그런 좋은 친구들을 만날 기회조차 갖지 못한다면 너무나 아쉽지 않은가!

무엇보다 외국에서 억울할 일이 생겼을 때 영어를 못해서 참아야만 했다면 이제는 자신이 원하는 바를 당당하게 요구할 수 있다. 영어 능력이 가장 빛을 발하는 순간은 위급상황과 문제 상황이다.

외국에서 갑자기 아파서 응급실을 가야 한다면?

여권을 분실했다면? 교통사고가 났다면 어떻게 할 것인가?

이런 상황이 무서워서 대부분 패키지여행을 가는 것이다. 예전에 라스베이거스를 여행할 때 호텔에 세워둔 렌터카의 사이드 미러가 다 없어진 적이 있다. 알고 보니 어떤 사람이 그 주변에 있는 차들의 사이드 미러를 다 뽑아다가 한쪽에 버려두었다. 그때 경찰에 신고하고 렌터카 회사에 전화해서 상황을 해결해야만 했다. 애초에 렌터카 회사에서는 보험처리가 100% 힘들다고 말했다. 나는 거의 한 시간 가까이 전화로 상황을 설명하고 설득해서 결국 전액 보험처리를 해낼 수 있었다. 영어를 못했다면 이런 억울한 상황들을 감내해야만 했을 것이다.

이런 건 사소하고 흔한 사례에 불과하다. 이밖에도 영어에 능통하면 즐길 수 있는 세상은 지금과는 완전히 다르다.

당장 학생은 시험에서 우수한 성적을 받게 된다. 수험생은 원하는 곳에 합격하는 영광을 누리게 된다. 뿐아니라 영화나 미드를 볼 때 자막을 보지 않아도 되고 전 세계에서 쏟아지는 무수한 정보를 쉽게 얻을 수 있다. 번역된 정보만 구할 수 있다가 스스로 원석을 찾아내고 볼 수 있게 되는 것이다. 어떤 직장에서든 앞서가는 사람이 되는 것은 너무나 당연하지 않겠는가?

눈을 감고 상상해보라!

당신은 유창하게 원어민들과 수다를 떨고 농담을 하며 즐겁게 대화를 하고 있다. 회사에서 많은 사람들 앞에서 유창한 영어로 프레젠테이션을 하고 있다. 모든 사람들은 나를 집중하고 있고 나는 자신감이 넘친다. 아직 번역되지 않은 미드를 자막 없이 즐길 수 있다. 나의 SNS 친구들은 전 세계인이다. 내가 원한다면 언제든지 외국에 나가서 살 수 있고 일할 수도 있다. 나는 나의 아이들에게 매일 영어로 유창하게 말한다. 아이들도 나의 영어를 따라 해서 영어가 유창해진다. 여행을 가서 그 나라 사람들과 친구가 될 수 있고 그 나라를 좀 더 잘 즐길 수 있다. 편안하고 즐겁게 여행을 한다. 당신의 무대는 이제 전 세계다.

자, 이제 눈을 떠보라!

영어천재의 삶을 상상해보니 어떠한가? 생각만 해도 행복하지 않은가! 우리는 이런 삶을 즐기려고 영어를 하는 것이다. 시험에서 점수를 잘 받는 것도 중요하지만 단지 그것만이 전부가 아니다. 대부분의 한국인이 영어를 싫어하고 어려워하는 것은 학교에서 오직 영어 점수만을 강요하기 때문이다.

영어가 당신의 강력한 무기가 된다

나는 당신이 영어에 대한 부정적인 이미지를 없애고 영어 자체를 즐기게 해주려고 한다. 무엇보다 당신에게 영어 인생의 로드맵을 제시해주려고 한다. 이것저것 찔끔찔끔 공부하는 것이 아니라 새로운 인생을 여는 영어 로드맵이다. 삶에 변화를 주기 위해 다이어트를 할 때처럼 목표를 이루기 위해서는 전체적인 로드맵이 있어야 한다. 그래야 여유를 갖고 자신의 단계를 알 수 있다. 나는 이 영어 로드맵으로 잘못된 영어 공부법에서 당신을 구제해주고 싶다.

사람들은 외국어를 습득하는 방식이 서로 다르다. 저마다 발달된 오감이 다르기 때문이다. 나는 특별한 사람에게만 통하는 영어 공부법을 제시하는 것이 아니다. 수천 명이 넘는 수강생들을 대상으로 가르치면서 얻어낸 검증된 방법이고 결과물이다.

나의 영어공부법은 모든 오감을 사용할 수 있도록 구성했다. 그러니 당신이 어떤 유형이건 이 로드맵을 따른다면 '영어천재'가 될 것이라고 확신한다. 더도 말고 덜도 말고, 딱 100일만 곰이 마늘 먹듯이 해보라. 그러면 당신 앞에 '영어천재'로 가는 문이 활짝 열릴 것이다!

〈이 책을 100% 활용하는 법〉

1. 이 책은 영어 완전 정복을 위한 실전 안내서입니다. 저자가 안내하는 대로 충실히 따라가면 당신도 반드시 영어천재가 될 수 있습니다. 딱 100일만 시간을 바쳐 영어 말하기 쓰기 읽기에 대한 3단계 진행과정의 내용을 충실히 숙지하고 실행하시기 바랍니다.
2. 부록 1 〈영알못 영어천재 되는 영어 인생 로드맵〉은 소리튜닝 원리에 따른 영어 로드맵을 일목요연하게 정리한 것이므로 미리 보셔도 좋습니다.
3. 부록 2 〈영어천재로 가는 지름길 Q&A 50문 50답〉은 이 책을 읽기 전에 워밍업 삼아 미리 읽어보시기 바랍니다. 영어 공부에 대한 친절한 안내와 이 책에 자주 사용되는 용어에 대한 설명이 되어 있습니다.
4. 이 책에 나오는 '오픽OPIc'은 'Oral Profciency Interview-Computer'의 약자로, 실제 인터뷰와 가깝게 만든 iBT 기반의 응시자 친화형 외국어 말하기 평가입니다. 외국어를 실생활에서 목적에 맞게 사용할 수 있는 능력을 측정합니다. 포인트는 본질적인 언어 활용 능력입니다. 최근 삼성그룹을 비롯해서 많은 곳에서 입사시험 과목으로 사용하고 있는 영어시험입니다.

  -등급은 수준에 따라 아래와 같이 구분이 됩니다.
  AL: Advanced-Low
  IH/IM/IL: Intermediate‐High/Mid/Low
  NH/NM/NL: Novice-High/Mid/Low

| Contents |

1장 왕소심녀는 어떻게 영어의 신이 되었을까?
갓주아의 메시지 No.1 : 인생 흑역사는 돌파하라고 있는 것이다

2장 영알못 탈출하는 비법 – 마인드튜닝

갓주아의 메시지 No.2 : 마인드튜닝부터 하라

3장 영어천재가 되는 영어 소리튜닝

갓주아의 메시지 No.3 : 원어민 6세 수준 1단계부터 정복하라

4장 영어 완전 정복으로 가는 7단계 훈련법

갓주아의 메시지 No.4 : 이제 원어민 12세 수준 2단계로 진입하라

5장 이제 당신도 영어천재가 될 수 있다!

갓주아의 메시지 No.5 : 이제, 당신도 영어천재가 된다!

영알못 영어천재 되는 팁

Everything has its wonders,
even darkness and silence, and I learn,
whatever state I am in, therein to be content.

모든 것에는 경이로움과 심지어 어둠과 침묵이 있고,
내가 어떤 상태에 있더라도 나는 그 속에서 만적하는 법을 배운다.
－헬렌 켈러

1장

왕소심녀는 어떻게 영어의 신이 되었을까?

갓주아의 메시지 No.1 : 인생 흑역사는 돌파하라고 있는 것이다

나는 갓주아다. 영어학원에서 이정은이란 본명 대신 '주아샘'이라고 썼는데 나를 거쳐간 수많은 수강생들이 구세주를 뜻하는 '갓'을 붙여 '갓주아'로 이름을 바꿔 부른다.

지금 나는 잘나가는 1타 영어강사다. 겉모습에는 그늘 하나 없다. 남들은 나더러 멋있다고 한다. 이런 나에게 파란만장하고 우여곡절 가득한 흑역사가 있다면 많은 사람들이 놀란다.

어릴 적 나는 '가위' 심부름 하나 못하던 지진아였다. 당연히 공부 못하는 열등생이었고, 발표는커녕 수줍어서 친구에게 말도 못했다. 수업시간에 선생님이 내게 질문할까 두려워 땀을 뻘뻘 흘렸다. 말할 수 없는 왕소심녀였다. 고등학교 때는 잘못된 선택으로 이과에서 내신 꼴찌인 10등급을 받았고, 결국 삼수까지 했다.

그랬던 내가 지금은 1년에도 몇백 명씩 영어천재를 길러내는 영어의 신, '갓주아'가 되었다. 어떻게 그렇게 되었는지 궁금하지 않은가? 1장에서는 내가 어떻게 인생 흑역사를 뚫고 영어의 신이 되었는지, 그 이야기부터 하려고 한다.

01

삼수생의 실연의 아픔 속에서 발견한 희망

I can learn anything! I can know anything! I can be anything!
나는 무엇이든 배울 수 있다. 나는 무엇이든 알 수 있다. 나는 무엇이든 될 수 있다.

러시아어 발음이 매트릭스 영화의 느린 총알처럼 귀에 꽂히다

나는 삼수 끝에 외국어대학교 러시아어과에 입학했다. 그곳에서 3개 국어 통역사가 되겠다는 꿈을 가졌다. 하지만 현실은 잔혹했다. 러시아어 알파벳을 외우는 것조차 너무 힘들었다. 생전 처음 접한 러시아어는 결코 호락호락한 상대가 아니었다.

대학교에서는 중학교 때 영어를 가르치던 방식대로 문법 위주의 수업을 했다. 내가 선택한 러시아어는 공교롭게도 세계에서 가장 배우기 어려운 3대 언어 가운데 하나였다. 문법이 특히 복잡했다. 정말 머리가 터질 것만 같았다.

그런데 운 좋게 2학년 때 러시아의 세인트피터즈버그에 있는 학교로 교환학생을 가게 되었다. 러시아에 가면 저절로 러시아어를 잘하게 될 것이라고 생각했다. 첫마음은 자못 경건하기까지 했다. 기숙사가 아니라 일부러 러시아인 할머니 집에서 홈스테이하면서 열심히 학교에 다녔다.

하지만 기대와 달리 러시아 학교에서는 한국처럼 문법 공부와 읽기 연습을 했다. 어려운 문법에 맞춰 틀리지 않고 말을 해야만 했다. 정확하게 말하는 러시아 학생들이 내 눈에는 모두 천재로 보였다. 나는 아는 것이 아무것도 없으니 그저 멍하게 앉아 있을 뿐이었다. 점점 러시아어에 흥미를 잃었다. 경건하던 첫마음은 흔적도 없어졌고, 의지마저 사라졌다. 학교에서 하는 언어 습득 방식으로는 답이 없어 보였다.

생각이 거기에 이르자 나의 러시아 생활은 공부가 아니라 관광으로 변했다.

그러나 잠시 즐겁던 나의 러시아 관광 연수도 종말을 고했다. 같은 한국유학생으로 당시 사귀던 남자친구와 헤어진 것이다. 모두 망해버렸다.

나는 완전히 실의에 빠졌다. 은둔생활을 시작했다. 학교는커녕 집밖으로 한 발자국도 나가지 않았다.

완벽한 은둔생활이었던 모양이다. 그때 뭘 먹었는지, 누구와 만났는지 도무지 생각이 나질 않는다. 그저 집안에서 24시간 주구장창 TV만 봤다. 최소한 죽지 않을 만큼 자고 먹으면서. 인생실패자가 되어 무슨 말인지도 모르면서 멍하니 TV만 보고 또 보았다. 반쯤 잠든 상태에서 보드카를 마시며 보기도 했다. 그렇게 하루 이틀 시간이 흘렀다. 날이 가고 달이 지나갔다. 그러던 어느 날이었다.

어느 순간, 그 딱딱하고 어려운 러시아어가 귀에 꽂히기 시작했다.

영화 〈매트릭스〉에서 주인공 키아누 리브스가 몸을 뒤로 젖히며 총알을 피하는 슬로 모션 장면을 기억하는가? 마치 그 장면처럼 '엇, 뭐가 지나갔나?' 싶게 휙휙 빠르게 지나가던 말들이 슬로 모션으로 귀에 꽂히듯이 흘러들어왔다. 정확히 무슨 말인지 이해할 수는 없어도 소리는 확실하게 들렸다.

"오옷! 이거구나!"
"유레카!"

나는 쾌재를 불렀다. 어느새 실연의 아픔은 간곳없이 사라졌다. 방구석에 처박아두었던 학교 교재와 CD를 꺼내서 듣고 또 들었다. 주구장창 TV만 보던 때처럼 무작정 듣고 또 들었다. 암기하려고 한 것도 아닌데 하도 많이 반복하다 보니까 저절로 문장이 내 몸과 귀에 붙는 느낌이었다. 교재를 한 권 끝내니 TV 속의 러시아어가 훨씬 더 잘 들렸다. 그렇게 소리가 들리기 시작하니 이제 TV가 재미있었다.

러시아어에 희망이 보였다.
'내 러시아어는 아예 가망이 없다고 생각했는데, 되고 있지 않은가!'
어학연수 생활도 제대로 못하고 연애까지 실패해 바닥으로 떨어졌던 자존감이 다시 올라가기 시작했다. 허공에 대고 혼자 외쳤다.

"나도 할 수 있잖아? 할 수 있다고!"

소리가 잘 들리는 수준에 불과했지만 말하기도 잘 할 수 있을 것 같았다. 학교에 가서 당당하게 수업에 참여하는 나, 러시아인 친구들과 대화하는 나를 상상했다. 그렇게 나는 마인드튜닝을 시작했다.

원하는 모습을 상상하고 또 상상하라!

그러던 어느 날 TV 속 어느 러시아 여배우의 소리가 너무 멋있었다. 지적이라고 생각했다. 유명한 배우도 아니었다. 하지만 나는 그 러시아 여배우의 소리를 따라 하고 싶었다. 그래서 그 배우가 나온 영화 CD를 모조리 샀다. 그리고 러시아어 소리를 따라했다. 그 배우를 모델로 해서 그 사람의 몸짓, 제스처, 표정, 입 모양, 호흡까지 따라했다. 나는 이 과정을 계속 반복했다. 이것이 소리튜닝의 시작이었다.

외국어 소리튜닝은 어떻게 하는가?

자신이 좋아하는 소리를 정할 때는 그 배우의 성품이나 외모가 아니라 오롯이 소리에 집중해야 한다. 따라 하고 싶은 소리를 가진 배우를 찾는 것이다. 몇 가지 주의할 점이 있다. 본인의 한국어 소리가 저음인데 고음을 내는 배우를 골라서는 안 된다. 자신의 목소리 톤과 비슷한 소리 가운데 따라 하고 싶은 소리를 정하는 것이 좋다. 일단 자신이 고른 배우의 영화나 드라마를 갖고 연습할 때는 영어 대본을 먼저 다운 받은 후 3장에서 나올 '영어 소리튜닝법'으로 한 문장씩 먼저 뜯어 먹고 나서 영상을 본다. 영상을 보면서 소리가 비슷한지 확인하고 디테일을 더 살리면서 따라 한다. 영상은 해답지인 셈이다.

'소리튜닝'을 하면 가장 먼저 영어 소리가 슬로 모션으로 다 귀에 꽂힌다. 그 전에 뭉개져서 안 들렸던 소리까지 들리게 된다.

왜냐하면 영어는 운동과 같은 원리이기 때문이다. 프로 야구 선수는 시속 100km가 넘는 야구공을 어떻게 치는 것일까? 야구 선수들은 훈련을 많이 하면 할수록 점점 야구공이 슬로 모션으로 보인다고 한다. 그래서 실력이 좋은 타자일수록 절대 시속과는 상관없이 공의 속도가 슬로 모션으로 처리되어 공을 잘 칠 수 있다. 영어도 마찬가지다. '영어 소리튜닝' 훈련을 많이 하면 할수록 모든 소리가 귀에 다 꽂혀서 들린다.

내가 3개 국어를 잘하게 된 비법

그렇게 지내고 있는데 어느 날 학교에서 연락이 왔다. 더 이상 학교에 오지 않으면 비자에 문제가 생길 수 있다고 했다. 학교에 가자 교수님들은 그동안 왜 수업을 빼먹었냐면서 야단을 치셨다.

"나스쨔! 학교를 이렇게 안 나오면 어떡해요! 무슨 일이 있었나요?"

러시아에서 내 이름은 나스쨔였다. 나는 교수님들에게 불쌍한 표정을 지으면서 변명을 하기 시작했다.

"교수님, 죄송합니다. 제가 개인적인 사정으로 학교를 못나왔습니다. 하지만 앞으로는 정말 열심히 학교 다닐게요."

내가 교수님들 앞에서 유창한 러시아어로 대답을 하자 다들 깜짝 놀랐다. 그리곤 그동안 무슨 일이 있었냐면서 추궁했다. 나는 또 이런저런 변명을 둘러댔다. 여하튼 그렇게 해서 나는 러시아어에 자신감을 갖게 되었다.

다시 한국으로 돌아왔을 때 나는 러시아어 능통자가 되어 있었다. 대부분의 사람들은 내가 러시아 유학을 다녀와서 저절로 러시아어를 잘하게 됐다고 생각했다. 하지만 내가 했던 러시아어 습득 훈련은 한국에서도 충분히 할 수 있었던 것이다. 러시아 유학이 계기는 되었지만, 내가 러시아어를 잘할 수 있었던 결정적인 이유는 아니다. 내가 러시아어를 포함해서 3개 국어를 잘하게 된 진짜 이유는 바로 이 두 가지였다.

마인드튜닝, 그리고 소리튜닝!

02

스타 강사의 과거는 심부름 하나 못하는 바보!

We become what we think about.
우리는 생각한 대로 된다.

나를 바꾸는 시작, 마인드튜닝

지금 나는 멀쩡하게 성공한 사람의 모습이고, 얼굴에는 어두운 그늘 하나 없다. 하지만 지금까지 나의 길지 않은 인생은 파란만장한 곡절의 연속이었다.

나는 3살 때 가와사키라는 병에 걸렸다. 가와사키 병은 원인불명의 열이 40도 이상 지속되는 병이다. 열을 일으키는 바이러스가 온몸을 돌아다니다가 뇌로 가면 결국 죽는다. 지금은 일주일 동안 입원하면 대부분

치료가 가능한 병이 되었지만 당시에는 치료법이 없었다.

그 당시 내가 입원했던 병원은 이 병을 성공적으로 치료한 사례가 없었다. 다행히 나는 당시 아팠던 기억이 전혀 나지 않지만 우리 부모님은 얼마나 무섭고 두려우셨을까 싶다. 열 바이러스가 뇌로 가는 것을 막기 위해 조그만 아이는 얼음침대에 계속 누워 있어야만 했다. 심한 열로 하루에도 여러 번 허물이 벗겨졌다.

'하루 종일 허물을 벗기며 놀았지!'

어머니는 지금도 간혹 우스갯소리로 내게 말씀하신다.

다행히 바이러스가 무릎으로 내려갔다. 바이러스가 뇌로 다시 올라가기 전에 수술을 해야 했다.

'수술로 인해 평생 다리를 못 쓰게 되거나 절단할 수 있다.'

어머니는 수술동의서에 사인을 하시고 그 자리에서 펑펑 우셨다고 한다. 그때 어머니는 만약 내가 다리를 못 쓰게 되면 같이 죽을 생각까지 하셨다고 한다. 급하게 일정을 잡고 수술만 기다리고 있었다. 그런데 기적이 일어났다. 수술을 3일 앞둔 어느 날, 바이러스가 사라진 것이다.

그렇게 나는 기적처럼 살아났다. 하지만 후유증으로 병원에 2년간 입원해서 치료를 받아야 했다. 2년의 입원생활은 어린 내게 너무 길고 가혹했다. 심한 발열과 독한 약 때문에 두뇌 발달의 황금기를 놓친 것이다. 몸은 말할 것도 없고, 나의 두뇌 발달 상태는 정상이 아니었다. 하루 종일 멍한 상태였다고 한다. 병이 다 낫고 퇴원한 뒤에도 마찬가지였다.

하루는 어머니가 내게 심부름을 시키셨다고 한다.

"예쁜 딸! 가서 가위 좀 갖고 올래?"
"응, 알았어!"
"아유, 착해라!"
"엄마, 근데 뭐 가져오라고 했지?"

문제는 이런 상황이 하루에 10번도 넘게 반복되었다는 사실이다. 게다가 초등학교 때는 매번 병원 정기검진을 가야 해서 학교를 자주 빠졌다. 그러니 친구도 사귀기 힘들었다. 한 번은 어머니가 만들어준 친구들과 어머니가 운영하는 제과점 앞에서 고무줄 놀이를 하고 있었다. 그런데 이상했다. 어머니가 보시기에 30분이 지나도 딸은 계속 술래만 하고 있었다. 어머니는 고무줄 놀이 한 번 못하고 계속 서서 멍하니 술래만 하고 있는 딸을 보다가 더 이상 못 참고 화를 내며 소리를 지르셨다고 한다.

"그만 들어와!"

당연히 나는 초등학교 시절 공부를 못했다. 선생님의 질문에 대답도 못해서 수업시간이 싫었고, 친구들과 노는 시간마저 고통스러웠다. 게다가 나는 너무 소심해서 거절을 못했다. 억울한 일을 겪어도 마음으로 삭일뿐이었다. 혼자 집에 돌아오다가 하고 싶었던 말을 중얼거렸다. 집에 와서는 거울을 보면서 조금 전에 친구들에게 다하지 못한 말들을 쏟아냈다. 나름의 스트레스 해소법이었다.

어렸을 때는 내 모습이 마음에 든 적이 한 번도 없었다. 말을 제대로 못하는 것도 싫었고, 공부를 못하는 자신은 더욱 싫었다. 매일 좌절했고, 매일 힘들었다. 당당하고 자신감 넘치는 친구들이 부러웠고, 공부 잘하는 아이들을 동경했다.

그 당시 정말 머리가 안 좋았는지 9살 이전 기억은 아예 없다. 나머지 기억들도 사실은 어슴푸레 떠오를 뿐이다. 지금도 내 삶은 9살부터 시작된 것 같은 느낌이다. 마치 동물이 오랫동안 깊은 겨울잠을 자고 서서히 기지개를 펴듯이 9살 때부터 나도 조금씩 깨어나기 시작했다. 내가 서서히 겨울잠에서 깨어난 계기는 당시 담임선생님의 관심 덕분이었다.

그 전 선생님들은 학년이 끝날 때까지 내 이름도 모르셨다. 그런데 3학년 때 담임선생님은 내게 관심을 보여주셨다. 모범생들의 특권인 심부름도 자주 시키고, 칭찬도 아끼지 않으셨다. 선생님이 '나를 특별히 사랑하시는구나!'라고 생각했다. 그런데 다 큰 뒤에 어머님의 고백을 들었다.

"제과점에 있는 빵, 빙수, 사탕, 이런 것들을 수시로 갖다드렸단다!"

동기야 어쨌든 나는 선생님과 어머니 덕분에 그때부터 깨어나기 시작했다. 그리고 나는 부러워만 하지 않고, 좌절만 하지 않았다. 마음속으로 항상 기도했다. 하느님이든, 부처님이든 상관없었다.

'나도 자신감 넘치게 해주세요.'

정말 간절하게 나를 바꾸고 싶었다. 그러면서 나의 자신감 넘치는 모습을 상상했다. 항상 그 친구들과 어울려서 신나게 이야기하는 모습을 상상했다. 그리고 그렇게 될 것이라고 되뇌었다. 수백 번, 수천 번 생각했다.

03

아무 생각 없이 소리를 따라 하다 인생 역전하다

I have the power to create change.
나는 변화를 창조할 힘을 갖고 있다.

자신감과 꿈을 준 영어 소리튜닝

내 나이 열세 살 때였다. 나는 중학교 입학 직전에 어머니께서 시켜주신 그룹 과외에서 처음으로 영어를 접했다. 알파벳과 문법을 먼저 배웠다. 알파벳이나 문법을 처음 배울 때는 영어가 아니라 수학을 배우는 느낌이었다. 특히 문법은 뭔가 수학 공식 같은 느낌이었다. 그래서 크게 흥미를 느끼지 못했다.

그러다가 우연히 교재에 딸려 있는 테이프를 틀었는데 거기서 나오는 영어 소리가 신기하고 재미있었다. 그 후로 영어 소리를 듣고 똑같이 흉내 내기 시작했다. 아예 나의 취미가 되었다. 하루에 몇 시간 이상씩 테이프를 돌려가며 듣고 따라 했다. 아무도 시키지 않았지만 나는 그게 너무 재미있었다.

테이프를 따라 하는 것은 이해력이나 암기력이 필요 없었다. 즉, 공부를 못해도 잘할 수 있는 것이었다. 마치 '좋아하는 팝송을 가수가 부르는 것과 똑같이 불러야지.' 하는 마음으로 따라 했다. 그렇게 팝송을 따라 부르듯 영어 테이프에서 나오는 영어발음을 따라 하는 것은 내게 즐거움이자 놀이였다.

그렇게 3개월 정도가 지났을까?

어느 순간 내 귀에 영어 소리가 너무 편하게 들렸다. 문법도 모르고 단어도 잘 몰랐지만 테이프 속의 영어가 잘 들렸다. 게다가 하도 따라 하다 보니 내 입을 통해 나오는 영어 발음이 유창해졌다. 그러다 보니 영어 수업 시간에 읽는 게 있으면 선생님은 나를 시키셨고, 친구들도 나에게 읽어보라고 했다. 학교에서 친구들이 모르는 영어가 있으면 나에게 물어보기 시작했다.

그때까지 내 인생에 이런 경험이 전혀 없었기 때문에 나에겐 색다른 느낌이고 충격이었다.

'이것 봐, 나도 잘할 수 있어!'
'누군가 나에게 무언가를 물어본단 말이야!'

나는 전혀 똑똑하지 않고 멍청한데 말이다! 신기했다. 그런 경험이 하나하나 쌓이니까 나는 이 상황을 즐기게 되었고 자신감이 생겼다. 영어로 생긴 자신감은 나를 바꾸기 시작했다. 무언가 하나 남들보다 잘한다고 생각하니 꽤 많은 것이 바뀌었다. 영어에 자신감이 생기니까 내가 정말 못했던 수학이나 과학도 덩달아 자신감이 생겼다.

'아, 나도 하면 잘할 수 있구나!'
그러자 도무지 이해가 가지 않던 과목들조차 잘하기 시작했다. 소심하기 그지없던 나는 점점 친구들 앞에 나서는 것을 좋아하는 성격으로 변했다. 잘하는 걸 뽐내고 싶었다. 그리고 어느 순간 내가 그렇게 원하고 바라던 모습, '친구들 사이에 둘러싸여 즐겁게 이야기하고 있는 나'로 변해 있었다.

중학교에서 나는 영어 영재반에 들어갈 수 있었다. 그 당시 영어 영재반 수업은 최고였다. 회화와 듣기 위주의 실용적 수업이었다. 담당 선생님은 교과 정규 수업보다 이 수업에 더 큰 열정을 쏟으셨다. 학교에서 매일 재미없는 문법이나 읽기 위주의 수업만 하다가 회화 위주의 수업을 하니 얼마나 신나셨을까! 수업 시간에 소리 내는 법을 배우고 그날 배운 내용은 암기해 오게 하셨다.

나는 그 숙제가 너무 즐거워서 어느 날은 밤을 꼴딱 새우기도 했다. 그 당시 영재반에서 실용 영어 급수를 따게 했다. 나는 시험에서 1등급을 얻었다. 1등급이면 원어민과 수준급 대화를 할 수 있을 정도다. 나는 내 성적이 믿기지 않았다. 항상 꼴등만 하는 것이 익숙한 나에게 1등급 성적표는 낯설었다. 외국 한 번 나가본 적도 없는 내가 원어민과 수준급 대화를 할 수 있다니? 나는 내 진짜 실력이 너무 궁금했다.

'진짜 원어민을 만나면 말을 잘할 수 있을까?'
'내 말을 알아들을까?'

내 영어 실력을 확인해보기 위해 원어민을 만나보고 싶었다. 그런데 원어민을 어디에서 만난단 말인가? 지금이야 대부분의 학교에 원어민 선생님도 있고 아무 학원이나 다 들어가도 원어민 선생님이 있지만, 그때는 그렇지 않았다.

처음으로 가진 목표, 외국어 고등학교 입학!

그러던 중 친구가 눈이 번쩍 뜨이는 소식을 전해줬다. 외국어 고등학교에서는 원어민 선생님들이 수업을 한다는 것이었다.

그래서 외국어 고등학교 입학이라는 목표를 세웠다. 중학교 1학년 때 나는 반에서 15등 정도 하는 성적이었다. 하지만 외고를 가기 위해서는 적어도 반에서 3등 이내에는 들어야 했다. 갈 길이 멀었다. 나는 자는 시간도 아끼기 위해 책상에서 자다시피 했다. 여느 집과 달리, 우리 집은 내가 밤에 불을 켜면 부모님은 불을 끄기 바쁘셨다. 기적적으로 살아난 딸이 다시 아플까봐 전전긍긍하셨기 때문이다.

하지만 그렇게 공부한 덕분에 다행히 나의 성적은 수직상승했다. 중학교 3학년이 되었을 때 나는 반에서 5등 이내에 들게 되었다. '애개, 5등이 뭐라고.' 생각할 수 있겠다.

하지만 생각해보라!

난 가위라는 단어도 기억 못해서 열 번을 다시 물어보던 바보였다! 나처럼 소심하고 바보같던 사람도 이렇게 잘할 수 있게 되다니!

그러나 나는 외고를 가겠다는 나의 꿈을 아무에게도 말하지 않았다. 그 말을 하면 다들 비웃을 것 같았다. 그런데 아무리 공부를 해도 5등을 넘지는 못했다. 나는 마음속으로 '외고는 못 가겠구나.'라고 생각했다. 그래서 지레 겁을 먹고 그냥 지역 내 가장 우수한 고등학교에 입학했다. 그런데 그 뒤에 어머니가 지인분과 통화하는 소리를 들었다.

"쟤가 저렇게 공부 잘할 거라고 누가 상상이나 했겠어! 중 3때 담임이 나한테 쟤 외고 한번 써보라고 했잖아. 그런데 내가 멀고 힘들다고 안 된다고 했지. 애도 약한데 무슨 공부냐고."

이 말을 듣고 나는 순간 망치로 머리를 한 대 얻어맞는 기분이었다. 사실 나는 그때 선생님이 나한테 써보라고 말씀을 안 하셔서 속으로 이렇게 생각했다.

'내가 성적이 안 되는구나. 그래서 말씀을 안 하시는구나.'

결국 고등학교 때는 반항심에 아무 생각 없이 이과를 선택했다. 내 인생은 다시 완전히 꼬였다. 영어를 잘하고 수학을 못하던 내겐 최악의 선택이었다. 한순간의 잘못된 선택으로 이과에 가게 된 나의 성적은 급기야 바닥을 쳤다. 마침내 손에서 공부를 놓아버렸다. 3년 내내 또 멍하게 인생을 보냈다.

만약 인생을 되돌릴 수만 있다면 외고를 다시 가거나 문과를 선택하련만!

아쉽게도 인생에 되돌리기란 불가능하다. 나는 내신 족쇄가 사라지는 삼수를 해서야 대학에 갈 수 있었다. 이렇게 수많은 좌절의 시기가 있었기 때문에 지금도 나는 무엇을 도전하는 데 두려움이 없다. 어차피 누구나 한두 번은 실패할 수 있기 때문이다. 나의 모든 순간순간의 시련과 경험은 내가 지금 좋은 영어 강사가 되는 데 충분한 역할을 했다고 믿는다.

좌절의 경험 속에서 내가 발견한 비법 – 소리튜닝

재수 후 수능성적이 1등급이 나왔지만 내신 때문에 대학을 다 떨어지고 나는 정말 어쩔 수 없이 삼수를 시작했다. 정말 죽고 싶었다. 신이 나만 미워하는 것 같았다. 극심한 스트레스에 머리카락이 다 빠졌다. 학원을 오고 갈 때마다 울며 다녔다. 내 얼굴이 우울해 보여서 그런지 도를 찾는 분들이 말을 걸어 오셨다.

"사는 게 힘들죠?"

"네? 어떻게 아셨어요?"

"조상의 은덕을 한 몸에 다 받고 있는데 제사를 안 지내니 그렇습니다."

"아, 그래요?"

나는 정말 힘들었었는지 그 말이 맞는 것 같았다. 분명히 뭔가 잘못된 게 있으니 이렇게 인생이 꼬이지 싶었다. 그 당시 돈이 수중에 있었으면 제사를 지냈을 것 같다. 그만큼 견디기 힘들었지만 다행히 삼수 후 내가 원하는 대학에 갈 수 있게 되었다.

내가 낙오 없이 승승장구만 했다면 영어가 안 돼서 좌절하는 사람들의 마음을 알았겠는가? 나는 무언가를 배울 때 매번 잘하기만 했던 사람에게는 배우지 않는다. 나처럼 이렇게 못했던 시절이 있었는지, 그래서 어떤 노하우로 극복해서 잘하게 됐는지를 중요시 여긴다. 그래야 배울 것이 있기 때문이다. 베스트 선수라고 해서 꼭 베스트 코치는 아니다.

　　소리튜닝은 좌절의 시기를 거치며 내가 발견한 비법이다. 나는 소리튜닝을 통해서 자신감도 얻었고, 꿈도 가지게 되었다. 그때는 너무 고통스럽고 힘들었지만 나중에 돌이켜 보니 '아. 이래서 그런 경험을 주셨구나.' 하는 순간들이었다. 이렇게 가진 자신감과 꿈은 지금까지 내 인생을 이끌어주었다.

04

원어민보다 유창한 영어를 하는 비법은?

I am my own superhero.
나는 나의 슈퍼영웅이다.

원어민의 당당함까지 따라 하라

러시아에서 기적 같은 언어 습득의 마법을 체험한 뒤에 귀국하고 러시아 공부에 더욱 열중했음은 물론이다. 졸업이 가까워오자 나는 대학원에 진학할지 회사에 입사할지 갈림길에 서게 되었다. 공식 통역사가 되려면 통역 대학원을 졸업해야만 했다.

선택 장애가 있던 나는 둘 다 준비하기로 했다. 둘 중에 합격하는 것이 내 길이라고 생각했다. 그런데 통역 대학원은 1차를 합격했고, 입사 시험도 통과했다. 그 회사는 입사와 동시에 외국에 나가서 통역 업무를 할 수 있는 상태였다. 부모님은 회사에 취직할 것을 권유하셨다. 마침 그때 아버지가 잠시 일을 쉬셨던 때라 대학원 학비도 부담스러우셨던 모양이다.

어느 길로 가야 하나 고민하고 있는데 마침 통역 대학원 2차 시험에 떨어졌다. 2차는 면접시험인데, 학생들 사이에서는 인성평가라고 불린다. 왜 그랬는지 모르겠지만, 나는 과에서 가장 영향력 있는 교수님한테 대든 적이 있다. 그러고 보면 나는 확실히 또라이 기질이 있는 것 같다. 나중에 친한 교수님한테 들었는데, 그 교수님께서 나를 콕 집어서 '이 학생은 꼭 떨어뜨려라!'고 하셨다고 한다. 물론 지금 생각해보면 불합격이 얼마나 다행인지 모른다. 게다가 그 교수님은 내가 통역사 일이 맞지 않는다는 사실을 연륜으로 꿰뚫어 보셨던 것 같기도 하다.

나는 높은 연봉을 받고 카자흐스탄으로 향했다. 어디에 있는 어떤 나라인지도 몰랐지만, 나는 마냥 행복한 마음이었다.

카자흐스탄에서 나는 예상과 기대대로 실력을 인정받았다. 게다가 나는 다양한 국가와 건설 자재 구매 협상을 하면서 영어와 러시아어로 된 비즈니스 이메일도 여러 버전으로 다 정리해놓기까지 했다. 사실 비즈니스 이메일은 매우 중요하다. 이메일 한 통으로 몇 억을 벌 수도, 반대로 잃을 수도 있기 때문이다.

이메일 한 통으로 내가 회사에서 엄청난 인정을 받고 최고의 인사고과를 받은 일도 있다. 당시 내가 다니던 회사는 스웨덴에 있는 한 건설자재 업체와 계약을 추진하고 있었다. 가격 조정이 이미 진행된 상태였고 곧 계약이 확정될 순간이었다. 나는 회사에는 알리지 않고 마지막으로 가격 인하를 요청하는 이메일을 보냈다. 구구절절하게 우리 회사의 미래 가치를 설명하고 가격을 인하하면 좋은 이유를 설명했다. 결국 상대업체는 내 요청을 수락했다. 그 이메일 한 통으로 나는 회사에 10억을 벌게 해준 것이다.

한 번은 이런 일도 있었다. 카자흐스탄 직원들과 수다를 떨고 있을 때였다. 갑자기 직원들이 내게 말했다.

"오, 완벽해! 러시아 본토 표준 소리야!"
"그렇게 말해줘서 고마워!"
"우리보다 러시아어 소리가 더 좋은 것 같아!"

카자흐스탄은 영어로 치면 뉴질랜드 발음과 같은 느낌의 러시아어를 구사한다. 카자흐스탄어와 러시아어가 국가 대표 공용어이다. 그래서 그들의 러시아어는 내가 느끼기에 카자흐스탄 말과 비슷하게 소리가 난다. 나의 러시아어는 모스크바 표준 소리로 튜닝을 했으니 그들이 느끼기에 자신들보다 더 잘한다고 생각했던 것 같다.

나는 카자흐스탄에서 일을 하면서 공부만으로는 절대 배울 수 없는 살아있는 영어와 러시아어를 익힐 수 있었고, 나의 외국어 능력은 날개를 달게 되었다.

소리뿐 아니라 제스처, 표정, 감정까지 원어민에 빙의하라

사실 영어 소리를 원어민같이 내는 기술은 간단하다. 나는 나만의 방법으로 러시아어도 완벽하게 소리튜닝을 했다. 나는 각각의 언어를 말할 때 제스처, 말투, 감정, 입 모양이 다 달라진다. 영어나 러시아어를 할 때 나는 마치 그 나라 사람으로 빙의한 느낌이다.

그 나라 사람으로 빙의할 때 가장 좋은 방법은 배우고자 하는 타겟 언어의 영화배우 한 명을 정해서 똑같이 따라 하는 것이다. 원어민과 일대일로 만나서 그 사람의 입 모양이나 말하는 방식을 따라 하기는 어렵다. 간혹 무례할 수도 있고 대화 자체에 집중할 수 없다. 가장 좋은 방법은 영화배우의 소리 톤, 리듬, 입 모양, 호흡, 거기에 감정까지 따라 하는 것이다. 더 나아가면 영상 혹은 소리 파일을 가지고 다니면서 본인이라는 생각으로 빙의해서 말하면서 돌아다닌다.

뉴욕에서의 또다른 재미있는 경험!

오래전 내가 뉴욕에 있을 때 〈악마는 프라다를 입는다〉라는 영화가 흥행몰이 중이었다. 나는 그 영화에 나온 '앤 해서웨이'라는 배우의 목소리에 매료되었다. 너무 지적이고 명료한 목소리였다. 그래서 같은 방식으로 소리튜닝을 하고 그 영화의 주인공으로 빙의해서 다녔다. 그러던 중 뉴욕대 법대에서 한국어, 영어, 러시아어 통역 리서처를 뽑는다는 공고를 보았다.

지원을 하고 인터뷰를 위해 뉴욕대로 가면서도 빙의해서 연습했다. 그런데 신기하게도 영화에서 앤 해서웨이가 회사에 인터뷰할 때와 똑같은 대사로 나에게 물어봤다. 나는 나도 모르게 이미 입에 붙은 '앤 해서웨이'의 대사 거의 그대로 대답하고 있었다.

You're right. I don't fit in here.

당신 말이 맞아요. 나는 여기에 어울리지 않아요.

I'm not skinny or glamorous and I don't know that much about fashion,

나는 마르지도 않았고, 글래머러스하지도 않고, 패션에 대해 잘 알지도 못해요.

but I'm smart. I learn fast and I will work very hard.

그래도 저는 똑똑해요. 저는 뭐든 빨리 배우고 정말 열심히 일할 겁니다.

물론 위 대사와 100퍼센트 똑같이 하지는 않고 상황에 맞게 조금 바꿨다. 하지만 나는 즐겁고 씩씩하게 인터뷰를 마쳤다. 내가 지원한 그 일을 하게 된 건 당연했다. 물론 내 소리가 앤 해서웨이 같아서 합격한 것은 아닐 것이다. 그러나 앤 해서웨이의 영어 소리에서 나오는 당당함이 내게도 있었다. 영어 소리를 튜닝한다는 것은 단순히 소리만 따라 하는 것이 아니다. 원어민의 소리에서 느낄 수 있는 당당함도 가져올 수 있도록 완전히 튜닝하는 것이다.

원어민이 아니라도, 원어민처럼 잘하는 나를 상상하라

최근 아들이 다니는 태권도 학원에서 미국 쪽과 연계하는 프로그램을 진행했다. 미국 가족들이 한국에서 홈스테이를 하며 같이 여행을 다니는 것이었다. 친한 가족이 호스트가 되었는데 우리 가족을 저녁식사에 초대해주었다. 그 가정에서 머물게 된 미국 가족은 부자지간이었다. 저녁을 같이 먹으면서 나는 자연스럽게 영어로 대화에 참여했다. 대화 중에 미국인 아빠가 갑자기 나에게 물었다.

"지금 들으면서도 깜짝깜짝 놀랍니다. 영어가 너무나 완벽해요. 눈을 감고 들으면 원어민이 말하는 거 같아요. 무슨 일을 하세요?"

"감사합니다. 저는 한국에서 영어를 가르치고 있어요."

"아, 그러셨구나. 미국에서 살았었나요? 어렸을 때?"

"아니요. 미국의 대학원에서 잠깐 공부를 하긴 했습니다."

"저도 미국에서 사는 한국인들을 많이 봤지만 이렇게 소리가 원어민 같은 경우는 처음이네요. 정말 신기해요!"

나는 그 말에 기분이 좋고 가족들 앞에서 조금 우쭐해졌다. 물론 직업이 영어 강사지만 영어를 잘한다는 말은 항상 기분이 좋다. 그동안 나의 노력이 헛되지 않았다는 사실을 증명해주기 때문이다.

영어를 잘해서 인생을 즐기는 모습을 상상해보라

영어를 잘하고 싶은가? 그럼 영어를 잘해서 인생을 즐기는 자신의 모습을 상상해보라.

가장 먼저 떠오르는 모습이 무엇인가? 영어를 잘한다면 무얼 하고 싶은가? 물론 사람마다 다를 것이다. 누군가는 원어민과 즐겁게 수다 떠는 모습을 상상할 것이고 누군가는 많은 사람들 앞에서 영어로 멋지게 프레젠테이션하는 모습을 상상할 것이다. 또 누군가는 영어로 자유롭게 여행하는 모습을 상상할 것이다. 아니면 이 모든 상황을 다 즐기고 싶을 것이다. 자신이 영어를 잘하는 모습을 상상하고 그 모습을 즐기는 것은 영어를 즐겁게 훈련하는 데 좋은 방법이다. 마치 다이어트 하기 위해 몸매 좋은 연예인 사진을 냉장고에 붙여놓는 것과 같은 이치다.

외국어를 잘하게 되면 즐길 수 있는 일이 많다. 원어민과 친구가 될 수도 있고, 회사에서 훨씬 더 인정을 받을 수 있다. 그리고 자신의 능력을 펼칠 무대에 한계가 없다. 자신의 무대가 굳이 한국일 필요는 없는 것이다. 세계를 무대로 인생을 즐길 수 있게 된다. 나의 경우엔 영어 덕분에 성격도 바뀌고 인생도 바뀌었다. 그리고 위에서 말한 모든 상황을 즐길 수 있게 되었다.

05

소리튜닝의 힘은 만인에게 적용 가능한가?

I am going to make you so proud.
나는 당신이 자랑스럽게 여기게 만들 것이다.

영어의 마법, 소리튜닝!

카자흐스탄에서 몇 년을 보내고 통역사 일이 내게 맞지 않는다는 사실을 깨달았다. 나는 통역사가 매우 빛나는 직업인 줄 알았는데 그렇지 않았다. 통역사는 그림자의 길을 가야 했다. 하지만 나는 주인공이 되고 싶었다. 오랜 꿈이었던 통역사 일이 맞지 않다는 것을 깨닫는 순간 나는 허무해졌다. 마치 스포츠카를 타고 전속력으로 달리다가 갑자기 목적지를 잃고 사막 한가운데 던져진 기분이었다.

나는 아무런 목적 없이 미국으로 향했다. 순간적으로 돈과 시간이 아깝다는 생각이 들었다. 그래서 한국에서도 해보지 않은 서빙, 아이스크림 가게 아르바이트, 각종 통역 일 등 할 수 있는 일은 다했다. 매일 일자리 사이트에 올라오는 모든 곳에 이력서를 보냈다.

그러던 중 우연히 당시 대통령께서 취임 기념으로 뉴욕을 방문했다. 미국의 유명한 재계 인사들이 다 모이는 행사를 준비 중이었다. 수행 통역을 구한다는 말에 망설임 없이 이력서를 냈다. 많은 유학생들과 이민자들 사이에서 나는 당당히 합격했다. 세상에서 가장 성공한 사람들을 밀착해서 실제로 보고 말도 해볼 수 있었다. 그들은 하나같이 멋있고 예의도 발랐다. 나는 그들에게서 범접할 수 없는 기품과 아우라를 느꼈다. 그 짜릿함이 다시 나의 열정을 깨우는 것 같았다. 나도 저들처럼 성공한 주인공이 되고 싶었다.

그러던 중 미국 비자가 만료되어 갱신 차 다시 한국에 들어 왔다. 나는 당연히 다시 미국으로 돌아갈 생각이었다. 꿈은 왠지 미국에서 이뤄야 할 것 같았다.

미국에 있다가 비자 문제로 한국에 잠깐 들어온 사이 우연히 강사 일을 시작했다. 아무 생각 없이 시작한 강의였다. 말만 할 줄 알지 사실 누군가를 가르쳐본 적이 없으니 당황스러웠다. 하지만 나는 시간이 지날수록 강의를 즐기고 있었다. 강의할 때 나를 쳐다보는 눈빛들이 나를 벅차게 했다. 그제야 비로소 내가 주인공이 된 기분이었다.

강의할 때만큼은 내가 주인공이고 내 무대에서 나는 살아있음을 느꼈다. 강의가 잘된 날은 나와 학생들이 수업 내내 같은 호흡으로 하나가 된 것 같았다. 그런 날은 하루 종일 기분이 좋았다.

그 당시 나는 인터넷 강의를 하면서 지방 컨설팅 수업을 병행하고 있었다. 2인 1조가 되어 수학 선생님과 함께 지방 컨설팅 강의를 했다. 나와 같은 팀이었던 수학 선생님은 재수 학원 교수를 하면서 하루만 지방 컨설팅을 하고 계셨다. 어느 날 돌아오는 길에 대화를 나누다가 충격적인 사실을 알게 되었다. 나와 같은 시간동안 컨설팅을 하시는데 내가 받는 강의료의 두 배를 받고 계셨다. 똑같이 일하는데 누구는 나보다 두 배의 가치를 받고 있었던 것이다. 나는 너무 부러운 마음에 물어봤다.

"선생님, 정말 좋으시겠어요. 부러워요. 저도 재수 학원 강사가 되고 싶어요. 어떻게 해야 될 수 있어요?"
"아마 되기 힘드실 거예요. 거긴 거의 남자만 뽑아요. 게다가 다 서울대 출신이고요. 저도 서울대 출신이 아니라서 겨우 들어갔어요."

이 말을 듣고 나는 '아, 그렇구나. 나는 힘들구나.'라고 생각하지 않았다. '왜, 안 되지? 나는 할 수 있는데. 제가 꼭 보여드릴게요.' 하고 속으로 생각했다. 그 날 이후로 나의 목표는 재수 학원 강사가 되는 것이었다.

매일 아침 그리고 자기 전에 계속 원하는 것을 되뇌었다. 그리고 진짜 더 나은 강의를 위해서 연습했다. 나는 그 당시 스타강사라고 불리는 사람들의 온라인 강의를 모두 수강하면서 연구하기 시작했다. 나는 강사마다의 장점과 단점, 심지어 특유의 제스처 그리고 유머를 터뜨리는 시점까지 연구했다. 다들 그냥 아무 생각 없이 하는 것이 아니었다. 다 계산된 유머였고, 계산된 말투였다. 나는 그들의 대사를 적어서 연습한 후 거울을 보며 그들로 빙의하고자 노력했다. 그런 연습을 계속 하다 보니 나만의 스타일이 자연스럽게 만들어졌다.

그렇게 몇 달이 지났는데, 기적 같은 일이 벌어졌다. 어느 재수 학원 원장님이 나의 인터넷 강의를 우연히 보고 전화번호를 수소문해서 연락하신 것이다. 그리고 재수 학원 영어과 강사 자리를 제안하셨다. 신이 내린 기회였다. 나는 어학원 강사에서 인터넷 강의 강사를 거쳐 강사의 종착지라는 재수 종합 학원의 강사가 되었다.

재수 학원 강사의 일은 또 다른 도전이었다. 학원에 여자 강사도 없을 뿐만 아니라 20대 강사 자체가 없었다. 수강생의 나이가 많은 경우에는 나와 비슷한 경우도 있었다. 처음에는 교실에서 수업하는 것 자체가 긴장이 되었다. 나는 나를 이겨보기로 했다. 학원에서 가장 베테랑 교수님이 하는 말씀을 다 받아 적고 그 분들이 하시는 행동과 말투를 따라 했다. 그런 노력 끝에 재수 학원 강사가 된 지 3개월도 안 돼 담임이 되었다. 보통 재수 학원 담임은 데뷔 후 3년 후에나 가능하다. 게다가 나는 수능 전까지 쟁쟁한 베테랑 강사들 사이에서 최소 이탈자 기록을 냈다.

처음에 작은 어학원에서 시작했던 나의 강사 커리어는 스케일이 점점 커졌다. 나는 나의 일을 진심으로 즐기고 있었다. 일을 즐기고 열심히 하니까 보상은 알아서 따라왔다. 나는 진심으로 내가 바라는 것을 믿는다면 다 이룰 수 있다고 생각한다.

그렇게 나는 짧은 시간 내에 학원 강사로서는 최고의 자리에 갔다. 나는 그곳에서 3년 동안 정말 치열하게 생활을 했다. 하지만 재수생들을 원하는 대학에 입학시키고 꿈을 찾게 도와주는 동안 나의 몸과 마음은 지쳐갔다. 무엇보다 수능영어에 대한 회의가 커졌다. 이런 영어로 대한민국 영어가 달라질까 싶었다. 나의 영어 실력조차 후퇴하는 것 같았다. 그래서 높은 연봉과 안정적인 복지를 뒤로 하고 그만두기로 결심했다. 원장님부터 동료 선생님들까지 모두 나를 말렸다. 하지만 내가 가르치고 있던 스킬 위주의 입시영어는 진짜 영어가 아니라고 생각했다. 나는 영어의 목적이 점수가 아니라 의사소통이라고 믿었다. 내가 영어를 잘할 수 있었던 방법인 '소리튜닝'으로 가르쳐보고 싶었다.

그런데 문제는 영어 교육을 제대로 공부해본 적이 없다는 것이었다. 물론 나는 스스로 터득해서 외국어를 익혔지만, 이 방법은 나에게만 맞는 방법일 수 있다. 영어 교육에 대한 전문적인 지식을 얻고 싶었다. 그렇게 결심하고 나는 다시 미국으로 갔다. 캘리포니아주립대 대학원에 입학했다. 나는 나에게 있어서 부족한 부분이 있다고 생각하면 빚을 내서라도 배운다. 그곳에서 영어 교육의 실질적인 방법과 영어 소리에 대한 원리를 익혔다.

내가 캘리포니아 주립대를 선택한 이유는 캘리포니아에는 특히 이민자가 많았기 때문이다. 그래서 그곳엔 이민자들을 위한 영어 교육이 발달되어 있다. 캘리포니아에는 멕시코 등 남미에서 온 이민자들이 많다. 그들은 미국 이민자들 중에 영어를 못하기로 한국인만큼이나 유명하다. 이것은 언어를 소리 내는 방식과 위치가 영어와 다르기 때문이다. 그래서 영어 소리에 대한 연구가 많이 이루어졌다. 나는 수업을 통해 그리고 실습을 통해 그들과 비슷한 영어 소리를 내는 법을 배울 수 있었다.

영포자여도 누구나 소리튜닝하면 영어 잘한다

내가 대학원에서 코칭했던 학생은 멕시코 이민자인 마리아나 갈시아였다. 처음에는 정말 영어를 듣지도 말하지도 읽지도 못했다. 영어와 스페인어가 같은 뿌리다 보니 비슷한 단어를 유추해서 알아듣는 정도였다. 영어를 전혀 알아듣지 못했다. 영어와 스페인어는 같은 뿌리이기는 하지만 소리 내는 방식이 전혀 다르다. 그래서 나는 '음소 소리 훈련'을 하기로 하였다. 학기가 끝날 때 코칭한 학생들이 그동안 배운 것을 발표하는 시간이 있었다. 갈시아는 그동안 배운 음소 소리 훈련으로 유창하게 읽을 수 있게 되었다. 발표 시간에 영어로 된 시를 유창하게 낭송했다. 정말 감동의 순간이었다.

이것이 내가 발견한 '영어 소리튜닝'이다. 나는 이 훈련법을 오픽 시험에 적용했다. 나는 지금 '영어 소리튜닝'과 스피킹 시험인 '오픽'을 가르치고 있다. 오픽은 영어 스피킹 시험이다. 특히나 유창성을 중요시한다. 유창한 영어란 원어민들에게 자연스럽게 들리는 영어다. 이 이론을 첫날 가르친 후 오픽 문장으로 영어 소리 체화 훈련을 하는 것이다. 물론 짧은 시간동안 자신의 영어 소리가 확 바뀌지는 않는다.

적어도 3개월 정도의 훈련을 해줘야 유창한 영어 소리가 만들어진다. 하지만 대본에 있는 영어만큼은 최적화 소리로 만드는 것이다. 중요한 것은 영어에 대한 의식 변화이다. 계속 즐겁게 영어 튜닝 훈련을 할 수 있도록 이끌어줘야 한다.

유창성을 강조하는 오픽 시험에서 '소리튜닝' 훈련 비법은 수강생들에게 엄청난 결과를 가져다주었다. 영어에 자신 없어 했던 수강생들이 단 2주 만에 영어 스피킹 시험에서 고득점을 받아 오기 시작했다. 토익 점수 400점대 수강생들이 단 2주 만에 그것도 스피킹 시험에서 토익으로 치면 930점 이상의 점수가 나오니 열광했다. 물론 2주만으로는 '영어 소리튜닝' 훈련으로 자신의 영어 소리 자체가 변하는 것은 아니다. 하지만 예상한 대본에 있어서는 그 소리로 세팅을 시키는 것이다. 이 훈련을 100일 정도 하면 자신의 영어 소리가 진짜 바뀐다. 영포자영어포기자조차 점수를 얻어갈 수 있다.

소리튜닝하면 영어가 귀에 확 꽂히니까, 된다!
영어 소리를 튜닝한다? 이 말 자체가 매우 생소한 말일 것이다. 차를 튜닝 하는 것도 아니고 소리를 왜 튜닝하지? 이유가 있다. 각 언어마다 소리의 특징이 다르기 때문이다. 그것을 무시한 채 그냥 한국어 하듯이 영어를 나열하면 일단 그들이 못 알아듣는다. 그런 일이 쌓이다 보면 점점 영어에 대한 자신감이 사라진다. 우리 수강생들은 이런 말을 한다.

"선생님, 이게 저만 그렇게 느끼는지는 모르겠는데요. 소리튜닝을 하니까 그렇게 안 들리던 토익 리스닝이 왜 잘 들리고 귀에 확 꽂히는 거 같죠? 그냥 느낌인가요?"

당연히 그냥 느낌이 아니다. 소리튜닝을 하면 소리의 규칙을 아니까 귀에 꽂혀서 잘 들리는 것이다. 따로 토익 시험이라고 공부할 필요가 없다. 영화나 미드를 봐도 마찬가지일 것이다. 소리튜닝을 하고 그 소리 규칙에 따라 영어로 말을 하면 내 말 소리를 내 귀가 듣는다. 그러니 원어민이 하는 말이 잘 들릴 수밖에 없는 것이다.

대한민국 대부분의 직장인들은 최소한 10년 이상 적어도 20년 가까이 영어를 배웠다. 중학교 때부터 시작된 영어 공부는 성인이 되어서도 끝이 없다. 여전히 좋다는 학원, 인터넷 강의, 책 등을 섭렵하며 영어 공부에 매진한다.

그럼에도 불구하고 그들이 여전히 자신의 영어에 만족하지 못하는 이유는 무엇일까?

단언컨대 결정적인 문제는 바로 소리다. 영어가 잘 안 들리고 내가 하는 영어를 그들이 못 알아들으니 말이다. 서로 커뮤니케이션이 되지 않는다면 지금의 영어는 문제가 있는 것이다. 많이 쓰이는 1,000문장 외운다고 될 일이 아니다. 언어는 쌍방향이어야 하는데 자신이 말하는 것에만 집중하기 때문이다. 하지만 '영어 소리튜닝'을 하면 쌍방향 영어 실력이 생긴다. 소리가 좋으니 영어를 말할 때 자신감은 덤이다. 원어민과 대화할 때마다 원어민이 내가 하는 영어 소리에 감탄하면 기분이 어떨 것 같은가? 간혹 타일러처럼 한국어 소리가 너무 유창한 외국인을 보고 감탄한 적이 있는가? 그런 칭찬을 계속 들으면 당신의 영어 실력은 점점 상승할 수밖에 없다.

'영어 소리튜닝'은 선택이 아니라 필수인 것이다.

06

영어 소리튜닝은 누구나 가능하다

I can do all the things.
나는 모든 것을 할 수 있다.

영어에 맞게 내 소리 자체를 바꿔라

'이 문장 100개만 다 외우면 영어를 잘할 수 있다.'

'이 책의 단어만 정복하면 영어를 잘할 수 있다.'

영어를 한 번이라도 공부한 적이 있다면 한번쯤 이런 문구를 봤을 것이다. 이런 영어책을 보면 참 기가 막히다. 문장들을 돌려쓰면 말이야 어느 정도 할 수 있겠지만 의사소통을 할 수는 없다. 당신이 외국어를 배우는 이유는 무엇인가? 주목적이 '의사소통'이라는 점을 간과하지 말라.

외국어 학습의 기본은 그들이 내가 하는 말을 잘 알아듣게 하고 나도 그들이 하는 말이 잘 들리게 하는 것이다. 물론 영어 문장을 500문장, 1,000문장 외우면 좋다. 하지만 그냥 아무 생각 없이 한국어처럼, 시험 공부 하듯이 달달달 외우면 안 된다. 굳이 해야겠다면, 하더라도 '소리튜닝법'을 배우고 해야 한다.

'영어 소리튜닝'은 영어라는 언어가 갖고 있는 소리의 특징을 최대한 살려 비슷하게 만들어주는 훈련이다. 외국어에 있어서 가장 중요한 것은 유창함이라고 생각한다. 유창해야 언어 전달력이 좋기 때문이다. '영어 소리튜닝'은 영어의 소리가 나오는 발성 위치, 호흡하는 법, 특유의 리듬 감, 입 모양, 언어마다 다른 감정 등을 다 바꾸는 훈련이다. 이렇게 말하니 어렵게 느껴지겠지만, 수영도 하는 법을 설명하면 아마 이렇게 어려워질 것이다. 그냥 몸에 체화되면 편하게 나온다.

필요한 것은 '하겠다'는 의식의 변화!
"그냥 주눅 들지 않고 끊임없이 하고 싶은 말을 할 수 있으면 되지, 그게 뭐가 중요하냐?"

이렇게 반문하는 사람들도 있을 것이다. 그런데 영어의 소리 규칙을 무시하면 그 말들은 그냥 내 만족이 된다. 상대와 의사소통이 되는지는 전혀 신경 쓰지 않는 것이다. 일단 내 입에서 끊임없이 나오면 만사 오케이라는 말인가?

만약 한국어와 영어의 소리 차이가 많이 나지 않는다면 그냥 한국어 하듯이 영어를 하면 될 것이다. 그런데 10년, 20년 동안 한국어 하듯 영어를 해보지 않았는가? 안 되지 않았는가? 아마 보통 사람들이라면 그들이 하는 말이 안 들리고, 내가 하는 말을 못 알아들으니 갈수록 답답할 노릇일 것이다.

나는 영어 강의를 10년 이상 하면서, 유치원생부터 성인까지 다 가르쳐보았다. 그러면서 깨달은 점은 영어를 훈련하는 데 있어서 가장 중요한 것은 의식이라는 사실이다. 내가 영어를 가르칠 때 가장 힘든 수강생은 영어를 못하는 학생이 아니다.

자신의 고집이 너무 센 사람이다. 영어를 잘하기 위해서는 이렇게 해야 한다고 하면, 온갖 핑계를 대기 시작한다. 자신은 원래 이런 걸 못하는 사람이라는 둥, 그 정도 훈련할 시간이 없다는 둥. 확고하고 결연한 표정으로 바뀌지 않겠다고 말한다. 그러면서도 영어는 잘하고 싶다고 한다. 보통 이런 학생들은 원하는 결과를 얻지 못한다.

아이들이 외국어를 더 빠르고 쉽게 배운다는 말이 있다. 그래서 자신은 너무 나이가 많아서 이번 생에서는 힘들 것 같다고 한다. 과연 아이들이 외국어를 더 쉽게 배울까? 반은 맞고 반은 틀리다. 최근 많은 연구결과에 따르면, 어른이 아이들보다 외국어를 학습하는 데 있어서 더 유리하다고 한다. 모국어를 더 잘 이해하기 때문이다.

하지만 반은 맞고 반은 틀리다고 한 것은 아이들은 보통 자신의 생각이 없다. 그냥 아무 생각 없이 따라 하고 습득한다. 그리고 기존에 영어에 대한 이미지가 백지인 상태이다. 이런 상태이기 때문에 습자지처럼 언어를 빨아들인다. 그에 반해, 어른들은 자신만의 고집이 있다. 또한 영어에 대한 부정적인 이미지가 이미 형성되어 있어서 '자신은 안 될 것 같다'고 단정한다. 영어 습득 능력적인 면에서는 어른이 훨씬 낫겠지만 안 좋은 생각이 훈련을 방해한다.

외국어를 배우는 데 있어서 자신의 기본 능력이나 실력은 그렇게 중요하지 않다. 그것보다 중요한 것은 내면에 있는 영어에 대한 의식의 변화이다. 영어는 공부가 아니라 기계적인 훈련이므로 누구나 잘할 수 있는 운동에 불과하다. 이때까지 영어를 못했던 것은 자신이 잘하고 싶은 부분을 충분히 연습하지 않았기 때문이다. 즉, 누구나 이 훈련 단계를 넘어서면 영어를 잘할 수 있다.

가망 없다고 생각해도 소리튜닝의 희망은 있다

올해 봄에 만났던 수강생 H씨가 있다. H씨가 처음 왔을 때 소리는 전형적인 한국인의 영어 소리였다. 영어로 말하는데도 언뜻 들으면 '어, 한국어인가?' 하는 생각이 들 정도였다.

나는 소리튜닝을 시작하기 전에 먼저 한국어로 소리를 내는 방식을 살펴보는 편이다. H씨는 한국어를 말할 때 입을 거의 벌리지 않고 소리는 중얼거리는 듯해서 잘 안 들렸다. 속으로는 '아, 힘들 수도 있겠다.'라고 생각했다. 그래서 시간이 좀 걸릴 수는 있으나 소리튜닝이 꼭 될 것이니 본인을 믿고 나를 믿고 해보자고 했다. 다행히 수강생 H씨는 의지가 매우 강한 사람이었다. 그리고 강렬한 눈빛으로 말했다.

"선생님, 저는 이번에도 안 되면 제 인생에 영어는 가망이 없다고 생각해요. 평생 영어 때문에 포기한 것들이 너무 많아요. 이번엔 진짜 제대로 해보고 싶어요."

너무 안타까웠다. 하지만 현재 소리 상태가 너무 형편없었다. 내가 튜닝을 위해 소리를 계속 바꾸고 부정적인 피드백을 계속 줘도 항상 "네, 다시 해볼게요." 했다. 다행히도 맷집이 센 분이었다. 그러니 나도 힘이 절로 났다.

H씨는 같은 수업을 두 번 들어야 했다. 하지만 시간이 지나자 H씨의 소리는 완전히 달라졌고 원하던 '오픽 IH Intermediate High 2등급' 성적을 따

셨다. 오픽은 사실 결과물일 뿐이다. H씨는 '소리튜닝' 후 영어에 대한 이미지가 긍정적으로 변하고 자신감이 급상승하였다. 자전거를 배우는데 불가능한 사람이 없듯 '영어 튜닝'에 불가능한 사람은 없다. 다만 기본 조건 때문에 남들보다 조금 오래 걸릴 수 있을 뿐이다. 그래봤자 몇 주 차이다.

당신이 아무리 영알못이라도 영어천재가 될 수 있다!

소리튜닝 2주의 마법, 100일의 완성

내가 오픽 1타 강사가 된 이유는 2주 만에 성적을 내주기 때문이다. 그래서 수강생들은 나를 갓주아라고 부르고, 내 수업을 2주의 마법이라고 하기도 한다. 2주 동안 시험에 나올 것만 족집게처럼 집어주고, 성대모사하듯 체화시킨다. 그러면 그 내용 안에서는 영어스럽게 말할 수 있다. 오픽 시험은 논리성이 아니라 유창성을 보기 때문이다.

하지만 이 방식은 말 그대로 마법일 뿐, 완성은 아니다. 내 생각을 원할 때 말하고 싶다면 100일 동안의 소리튜닝이 필요하다. 앞으로 설명할 마인드튜닝과 소리튜닝을 함께 하면서 100일만 투자하면 영어가 완성된다. 10세 꼬마도, 20세 학생도, 30~50세 직장인도 다 된다. 10년째 지지부진, 영알못이었던 당신도 100일이면 '영어천재'라고 불릴 수 있다. 지금 바로 100일 소리튜닝을 시작하라.

07

100일의 소리튜닝, 당신도 영어천재가 된다!

I refuse to give up because I haven't tried all possible ways.
나는 포기하지 않는다. 왜냐하면 모든 가능한 방법을 시도해보지 않았기 때문이다.

어려워도 100일 동안만 버텨라!

다음은 내가 다이어트를 할 때 트레이너와 나눈 대화다.

"이렇게 풀떼기만 먹고 어떻게 살아요?"

"평생 그렇게 먹고 살라는 것이 아니라 100일만 그렇게 하자는 거예요!

100일만 견디면 몸이 변하고 인생이 바뀌는데 해볼 만하지 않은가요?"

영어와 다이어트는 매우 비슷하다. 일정한 단계에 도달하려면 힘든 인내의 시간이 필요하다. 하지만 100일 동안 집중적인 '영어 소리튜닝'을 거치면 누구나 영어 실력의 극적인 변화를 느낄 수 있다. 단, 100일 동안 은 당신의 모든 채널이 '영어 소리 훈련'에 맞춰져 있어야 한다. 모든 삶 의 방향이 훈련에 맞춰서 돌아가야 한다.

"제가 직장 생활도 하고 바쁜데 어떻게 그렇게 합니까?"

살을 빼는 것은 쉬운가? 그 어떤 것도 쉽게 얻어지는 것은 없다. 평생 이렇게 살자는 것도 아니다. 딱 100일만 이렇게 하자. 100일만 훈련하면 10년 혹은 20년 이상 고민해온 당신의 영어가 달라진다! 그래도 힘들다 고 피할 것인가?

나는 이 책을 통해서 영어의 인생 로드맵을 제시하려고 한다. 여기서 찔끔 저기서 찔끔 배우는 영어가 아니라 하나의 로드맵을 갖고 영어를 완성해가는 것이다. 운전을 할 때 내비게이션이 없다면 이 사람 저 사람 에게 길을 물어봐야 한다. 하지만 내비게이션이 있다면 걱정 없이 목표 지점까지 안심하며 갈 수 있다. 영어도 마찬가지이다. 여기 찔끔 저기 찔 끔 영어를 배우고 익히면 영어에 불균형이 온다. 하나의 큰 틀을 갖고 훈 련해야 한다.

나의 영어 인생 로드맵은 미국인 아기의 모국어 훈련 과정을 모티브로 만들었다. 그리고 다이어트를 하듯이 단계를 나눴다. 자신이 이루고자 하는 단계까지 훈련법에 따라 훈련하면 되는 것이다. 전체 영어 인생 로드맵은 3단계로 나뉜다. 1단계는 '미국인 6세 톰 따라 하기' 단계이다. 미국인 아기가 6세가 되기까지 하는 모국어 훈련은 '소리 훈련'이다. 즉, 말하고 듣는 훈련이다. 자신의 목표가 미국인 6세 아이 정도의 영어만 구사하고 싶다면 여기까지만 훈련해도 좋다.

그 다음 2단계는 '미국인 12세 톰 따라 하기'이다. 미국인 12세면 한국 나이로 13세 정도 되는 수준이다. 한국인 13세 아이가 한국어 하는 정도를 생각해보자. 유창한 수준의 한국어를 구사한다. 당신이 13세 수준의 영어를 할 수 있다면 어떻겠는가? 모든 사람이 인정할 정도의 영어 수준을 갖고 있을 것이다.

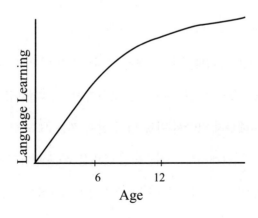

앞의 그래프와 같이 보통 아이들은 6세까지 어느 정도 언어의 기본 근육을 단련한다. 이렇게 기본기를 단련해놓으면 6세부터 12세까지는 글자 책을 읽으며 언어가 가파르게 성장한다. 언어 발달 2단계인 6세에서 12세까지는 언어의 황금기다. 그래서 이 시기에 책을 많이 읽은 사람과 안 읽은 사람간의 어휘력 차이가 벌어지기 시작한다. 책을 읽으면서 자연스럽게 단어와 문법을 익힌다. 처음에 쓰기는 받아쓰기부터 시작한다. 그러다가 점점 자신의 생각대로 창작물을 만든다.

그래서 2단계의 목표는 일단 읽기와 쓰기 능력을 키우는 것이다. 2단계까지 훈련을 할지는 본인이 결정한다. 1단계까지만 하고 싶다면 1단계 훈련 후 유지단계로 들어가도 좋다. 하지만 1단계를 끝내고 나면 2단계 훈련을 하고 싶어질 것이다. 왜냐하면 1단계만 끝내도 남이 느끼고 자신이 느낄 수 있을 정도로 영어가 성장해 있기 때문이다.

마지막 3단계는 '유지단계이자 교육받은 미국인 따라 하기' 단계이다. 외국어는 집중적인 훈련을 한 후 계속 유지해주지 않으면 다시 퇴보한다. 야속하게도 퇴보하는 속도는 매우 빠르다. 마치 다이어트를 성공하고 제대로 유지해주지 않아서 바로 다시 살이 찌는 요요 현상과 흡사하다. 다행인건 유지단계에서는 집중적인 훈련을 하는 단계가 아니다. 그냥 생활에서 영어를 즐기는 단계이다. 원어민과 말하는 시간도 늘리고,

영화도 보고, 표현도 축적하는 등 간식 먹듯이 영어를 즐긴다. 즉, 영어가 그냥 삶이 일부가 되는 것이다.

3단계 영어 훈련법은 자신의 목적에 따라 정하면 된다. 모든 사람의 영어 목표는 다르기 때문이다. 6세 정도의 영어만 필요한 사람도 있고 12세 이상의 영어 수준을 원하는 사람도 있을 것이다. 자신의 목표에 따라 스트레스 없이 훈련하면 된다. 이렇게 하면 어떤 외국어도 나침반을 갖고 제대로 정복할 수 있게 된다.

나는 어렸을 때 소심왕에 자신감 제로인 아이였다. 하지만 지금의 나는 3개 국어로 원어민과 자유롭게 대화하고 수천 명이 있는 강연장에서 당당하고 여유롭게 강연을 진행한다. 아무도 내가 이렇게 될 것이라고 전혀 상상하지 못했을 것이다. 반대로 나의 어린 시절 모습을 모르는 대부분의 사람들은 내가 원래 이런 사람이었다고 생각한다. 선생님이 이름 부를까봐 조마조마하던 얼굴 까만 아이는 이제 영원히 사라졌다. 내 내면에서 지우고 내가 원하고 바라는 새로운 모습으로 나를 세팅시켰다.

당신도 그렇게 되고 싶은가?

그럼 반드시 그렇게 될 것이다. 바로 이제 당신 차례다.

It is no use saying "We are doing our best."
You have got to succeed in doing what is necessary.

"최선을 다하고 있다."라고 말해봤자 소용없다.
필요한 일을 함에 있어서는 반드시 성공해야 한다.
– 윈스턴 처칠

2장

영알못 탈출하는 비법 – 마인드튜닝

갓주아의 메시지 No.2 : 마인드튜닝부터 하라

마인드튜닝부터 하라

영알못은 어떻게 영어의 천재가 되는가?

그 시작은 마인드튜닝이다. 나는 수업을 시작하기 전에는 늘 수강생들에게 목표를 생생하게 떠올리도록 한다. 늘 상기시킨다. 왜겠는가? 사실 잘하는 사람들은 알아서 잘한다. 하지만 70% 이상의 사람들이 목표를 잊어버린다. 중간에 '안 해도 되지 않을까?' 합리화한다.

마음속에 처음 새긴 의욕과 적극성을 잃어버린다.

아무리 굉장한 의지로 시작해도, 아무리 최고의 방법과 선생님을 모셔놓아도 소용 없다.

100일 동안 끊임없이 쉬지 않고 소리튜닝을 성공적으로 해내기 위해서는 무엇보다 먼저 마인드가 바뀌어야 한다.

08

영어를 대하는 마인드부터 튜닝하라

When you really want it, you are unstoppable.
당신이 진정으로 원하면, 당신을 멈추게 하는 것은 아무것도 없다.

결심을 포기로 이끄는 건 '망각'이다

누구나 다이어트를 하기로 결심하고 시작했을 때는 자신의 모든 시간을 다이어트를 위해 계획하고 실행한다. 먹는 음식, 운동, 잠 등 모든 것이 다이어트를 목표로 돌아간다. 하지만 시간이 지날수록 다이어트를 하고 있다는 사실을 까먹는다. 목표를 까먹는 그 순간 아무 생각 없이 행동하기 시작한다. 아무 생각 없이 기름진 음식을 먹고 운동도 하지 않는다. 자잘한 습관들도 도루묵이다. 그러다가 '아차!' 싶은 순간이 온다.

'아, 나 다이어트 중이었지.'

하지만 그때는 이미 너무 가버린 상태다. 결심은 간곳없고 아예 다이어트라는 목표 자체를 포기한다. 다이어트에 성공하려면 최소한 3개월은 집중해야 한다. 영어도 마찬가지다.

그래서 그런지 영어 공부를 시작하고 포기하는 과정도 똑같다. 강의가 시작되고 수업 첫날 학생들은 다들 영어를 모조리 씹어먹을 기세다. 의욕에 가득 찬 표정에서 생생한 목소리가 쏟아져 나오는 느낌이다.

'뭐든지 시키는 대로 다 할게요. 영어 좀 잘하게 해주세요!'

첫날에는 모두가 열의에 가득 차 있다. 그런데 점점 그때 그 첫마음이 사라지기 시작한다. 자신이 애초에 왜 이 공부를 시작했는지 잊어버리는 것이다. 인간은 정말 망각의 동물인 모양이다. 결국 자신이 처음에 설정한 목표조차 까먹는다.

목표를 계속 떠올리는 강력한 의지를 가져라!
그래서 영어를 공부하는 데 있어 중요한 첫 번째 요소는 강력한 의지이다.

"제가 영어를 진짜 잘하고 싶은데 뭐부터 해야 할까요?"

영어를 잘하고 싶은 사람은 많다. 하지만 모든 사람이 다 영어를 잘하지는 못한다. 왜 그럴까? 최근에 책을 읽다가 매우 공감했던 문구가 있었다.

'우리가 목표를 이루지 못하는 이유는 그 목표를 까먹어서입니다.'

영어를 공부할 때 가장 중요한 점은 애초의 자신의 목표를 계속 상기하는 것이다. 자신의 목표가 잊히지 않도록 의지를 강력하게 붙들고 가야 한다. 강사들은 수업을 할 때 모든 학생들이 목표를 이룰 것이라고 생각하지 않는다. 어느 분야의 어느 수업이건 공통적인 현상이다. 보통 한 클래스에 30% 정도만 목표를 달성하면 괜찮은 성과라고 말한다. 그 30%의 학생들은 대부분 목표지향적인 사람들이다. 그들은 끝까지 목표를 잊지 않고 계속 그것을 위한 행동을 한다. 하지만 나머지 70%의 사람들은 시기의 차이는 있지만 도중에 목표를 잊어버리고 결국 다 포기하고 마는 경우가 대부분이다.

의아스러운 것은 목표를 이루지 못하는 대부분의 사람들이 영어에 대한 지식이 부족하지 않다는 사실이다. 마인드와 의지의 문제다. 영어를 잘하는 실질적인 방법은 기술이겠지만 그 기술을 제대로 쓸지 안 쓸지는 우리 안의 마인드와 의지가 결정한다.

그래서 영어 공부의 기초공사는 마인드부터 완성해야 하는 것이다. 영어 공부를 방해하는 내 안의 잡념을 찾아내고 근절시킬 대책을 세워야 한다.

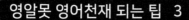

목표를 만천하에 선포하고 매일 되뇌어라

NLP 원리를 이용한 마인드 세팅 방법을 공개한다. NLP 기법은 한국에 잘 알려져 있지 않아서 관련 책조차 찾기 힘들다. NLP는 원래 뛰어난 사람들이 어떻게 다른 사람들과 다르게 행동하는지를 찾아내고 그것을 모방하여 다른 사람에게 가르치고자 하는 과정에서 발달하였다. 심리 기법 중 하나로 인간의 탁월성을 끌어내는 데 목표가 있다.

우선 자신의 목표를 공식적으로 선포하고, 매일 목표를 쓰고, 자신이 쓴 목표를 다른 사람과 공유하는 것이다. 이 방법은 겉으로 보기에는 단순한 것 같지만 다 NLP 원리를 기반으로 만들어진 것이다. NLP 기술은 커뮤니케이션을 통해 인간의 의식을 바꾸고 활력을 불어넣어서 자신을 목표를 이루게 해준다.

자, 그렇다면 어떤 식으로 하는 것인지 구체적인 예시를 들어보자.

만약 당신이 원하는 목표가 '원어민들과 유창하게 영어로 대화하기'라면 이 목표를 모든 사람이 볼 수 있게 자신의 블로그나 인스타그램에 선포한다. 원어민과 유창하게 대화하는 모습의 사진을 함께 첨부한다.

'나는 3개월 후에 이렇게 자연스럽고 유창하게 원어민들과 대화한다!'

자신이 아는 모든 지인 앞에서 이렇게 목표를 선포하면 더 열심히 할 수밖에 없다.

영어에 대한 공포 떨쳐내기

영어를 공부하는 데 있어 두 번째 중요한 마인드는 '영어에 긍정적인 이미지 심기'다. 영어에 긍정적인 이미지를 심으려면 무엇보다 먼저 기존의 부정적인 이미지나 부정적인 생각을 버려야 한다.

'아무리 해도 나는 영어를 못해!'
'영어는 내게 공포 그 자체야!'
'외국인이 말 걸면 무서워!'
'영어가 항상 내 발목을 잡아!'

영어에 대한 부정적인 기억이나 자신의 내면 의식이 자신을 멈추게 한다. NLP기법 중 '공포 제거하기Phobia Process'가 있다. 머릿속으로 자신이 영어에 대한 부정적인 이미지가 만들어졌던 영상을 떠올리게 해서 떨쳐내는 기법이다.

수강생 가운데 영어에 대한 막연한 공포심이 많던 Y씨가 있었다. 컨설팅을 통해 NLP 대화를 시도했다. Y씨는 직장에 입사하기 위해 봤던 영어면접 때를 떠올렸다.

"그때를 생각하면 어떤 기분이 들어요?"
"한마디도 못하고 쩔쩔매고 있어요. 다른 사람들은 잘하는데 나만 못하는 거예요. 그래서 심장이 쿵쾅쿵쾅 뛰고 있어요. 큰 좌절감이 느껴져요. 다들 나를 비웃는 거 같아요."

"자, 이제 Y씨에게 있었던 가장 즐거운 일을 떠올려봐요."

"삼수 끝에 대학에 입학했다는 전화를 받았어요. 너무 기뻐서 소리를 질렀어요!"

즐거웠던 감정을 최대한 느끼고 공포가 됐던 장면을 떠올린다. 그 반대로도 한다. 그러면 부정적이었던 장면의 기억이 행복하고 즐거웠던 기분으로 서서히 전환된다.

"자, 이제 영어 훈련을 한 뒤에 비슷한 상황이 생기면 어떨까요?"

"이제는 떨지 않고 유창하고 자신감 넘치게 면접을 즐길 것 같아요."

부정적이었던 기억을 긍정적인 이미지로 전환시키면 두려움이나 공포가 사라진다. 영어에 대한 두려움이나 공포의 기억은 부정적인 생각을 갖게 한다.

'나는 공부를 해봤자 잘 못할 거야.'

그러면 영어학습자는 앞으로 한 발도 나아가지 못한다.

"저는 나름대로 많은 시간과 열정을 넣었습니다. 하지만 여전히 영어에 대한 자신감이 없습니다."

이런 분들은 보통 공부 방법이 잘못됐을 가능성이 높다. 아니면 본인은 주로 영어 말하기에 자신이 없는데 문법이나 단어 공부만 주구장창하고 있을 수도 있다. 즉, 어딘가에 편중된 영어 공부를 하고 있는 것이다. 머리가 간지러운데 손을 긁고 있는 것과 마찬가지다. 그러면 시원함이 해소되고 문제가 해결되겠는가?

자신이 무엇 때문에 영어에 자신감이 없는지 생각해봐야 한다. 동시에 어떤 부분에 자신이 있는지 분석해봐야 한다. 이렇게 하면 본인이 가지고 있던 영어에 대한 이미지를 긍정적으로 바꿀 수 있다.

평범한 한국인들은 살면서 수많은 영어 시험을 치러야만 한다. 이런저런 영어 시험을 거치면서 좋든 싫든 영어에 대한 나름의 이미지를 구축한다.

수강생 중에 B씨는 영어에 대한 트라우마를 갖고 있었다. B씨는 자신이 인생에서 항상 영어가 발목을 잡았다고 한다. 수강하던 당시에도 영어 성적 때문에 취업에 실패해서 2년째 다시 영어공부를 하고 있다고 한탄을 했다.

B씨는 공대생이었는데, 토익 점수가 500점대였다. 다른 스펙이나 실력은 다 괜찮은데 영어 성적 때문에 취업이 안 되고 있었다. 그러면서 무엇이든 다 할 테니 자신을 구원해달라고 했다. 2년 동안 수많은 회사의 입사 시험에서 계속 떨어지다 보니 자신감이 거의 상실되어 있었다. 그런데 내가 본 그의 눈에는 절실함과 간절함이 있었다.

나는 진심으로 변화시켜주고 싶었다. 그 친구의 영어는 기본도 없고 소리도 전형적인 한국인의 영어 소리였다. 하지만 B씨는 2주 동안 나의 훈련을 군소리 없이 따랐고 2주 후 오픽 시험에서 한 방에 IH를 달성했다. 오픽 IH 점수는 토익으로 치면 930점 정도의 고득점이다.

지금까지 영어에 대한 자신감이 없었다 할지라도 작은 목표를 하나씩 달성해나가면 자신감은 저절로 생긴다. 영어에 대한 자신감을 가져야 한다고 백날 말해봐야 그냥 생기지 않는다. 작은 도전이라도 계속해서 성취감을 맛보아야 한다. 이제 B씨는 영어에 대한 트라우마에서 완전히 해방되었다. 이런 식으로 한 번만 산을 넘으면 된다. 그 산이 큰 산이든 작은 산이든 조금씩 성취해나가면 트라우마는 극복된다. 그래서 외국어는 자신감이 제일 중요하다고 강조하는 것이다.

09

영어를 못하는 것은 당신의 잘못이 아니다

I am the architect of my life; I build its foundation and choose its contents.
나는 내 삶의 연금술사다. 나는 내 삶의 기초를 만들고 그것의 내용도 선택한다.

당신이 아니라 영어 공부법이 문제였다!

나의 수업을 들었던 수강생 가운데 직장인 T씨가 있었다. 직장을 들어가서야 영어가 중요하다는 사실을 깨닫고 영어 공부에 열중했다. 회사에서 요구하는 토익 점수를 따기 위해 일단 영어 공부를 시작했다. 목표 점수를 얻었지만 원하는 부서에 가기에는 부족했다. 그런데 스펙도 토익 점수도 낮은 사람이 그 부서로 배정되었다. 이유는 영어 말하기 실력 때문이었다. 그는 나름 고급 영단어도 많이 알고, 영어 표현도 많이 알고 있었기 때문에 매우 아쉬워했다.

"제가 하는 영어 소리가 부끄럽고 말하기에 자신이 없습니다. 저보다 단어를 모르는 사람이 더 영어를 잘하는 것처럼 보여요. 그 사람이 더 능력을 인정받는 것 같아요."

"본인의 영어 소리가 부끄러우시군요. 왜 그럴까요?"

"제가 들어도 한국인 아저씨가 영어하는 것 같아요. 가끔 외국인을 만나 대화하면 상대가 못 알아듣고요. 제가 말할 때마다 못 알아듣겠다는 표정을 지으면 저는 정말 스트레스 받아요."

"그럼 어떻게 해야 고쳐질까요?

"처음부터 다시 영어 소리를 제대로 배워야 할 것 같아요. 그런 건 배워본 적이 없어서요. 그래야 원어민이 제가 하는 말을 잘 알아듣지 않을까요?"

"그러면 영어 소리튜닝 훈련을 받아보세요."

이 수강생은 소리튜닝 훈련을 통해 자신이 원하는 영어 소리를 갖게 되었다. 외국어 학습에 있어서 가장 중요한 것은 소리튜닝이다. 그야말로 기본이다. 왜냐하면 이것은 자신감과 연결되기 때문이다. 간혹 '오렌지'나 '얼인지'나, 알아듣기만 하면 되지 영어 소리가 뭐가 중요하냐는 사람도 있다. 그런데 정작 문제는 상대가 못 알아듣는다는 사실이다. 몇 번 시도했는데 원어민들이 못 알아들으면 점점 위축된다. 무엇보다 소리 훈련의 기초가 안 되어 있으면 잘 안 들린다.

본인도 안 들리고 원어민도 못 알아들으면 영어 공부법에 문제가 있는 것이 당연하지 않겠는가?

"영어를 왜 공부하세요?"

내가 이렇게 물으면 대부분은 입시, 취업, 또는 승진을 위해서라고 대답한다. 우리는 영어를 공부로 접근한다. 영어를 잘하기 위해 사전을 씹어먹을 정도로 공부하거나 문법을 통째로 다 외운다. 말 그대로 입시 영어 공부하듯이 한다. 이때까지 그렇게 해왔고 그 방법밖에 모르는 것이다. 한국의 교육 구조에서 당연한 일이다.

그러다 좌절하고 다시 서점에 가거나 학원으로 간다. 우리는 이런 생활을 적어도 10년 이상, 혹은 20년 이상 반복해오고 있다. 마치 헤어나올 수 없는 뫼비우스의 띠처럼 계속 반복하고 있다. 도대체 무엇이 잘못 되었을까? 자신 있게 말할 수 있는 것은 하나다.

'당신의 잘못만은 아니다!'

지금도 서점에 가면 근사한 제목의 책들이 우리를 유혹한다. 저마다 다른 논리를 갖고 영어 공부법을 제시한다. 보통 책들의 유형은 크게 두 종류이다.

① '나는 이렇게 영어를 끝냈다. 그러니 당신도 이렇게 끝내라!'
② '이 방법만 따라오면, 이것만 따라 하면 영어는 끝난다!'

그런데 '그렇게 해서 영어가 됐다'는 사람은 당신이 아니다

첫 번째 유형은 경험담에 의한 것이다. 보통 영포자였는데 이렇게 공부해서 단기간에 영어능통자가 되었다는 식의 무용담이다. 이런 방식은 모든 사람이 다 똑같다는 전제하에서만 가능하다. 예를 들면 '영화만 듣고 따라했는데 영어를 정복했다!'는 사람은 청각이 발달한 사람일 확률이 높다. 그런데 시각이 발달한 사람이 그걸 보면 따라 한다면? 당연히 좌절만 할 뿐이다. 포기하고 다른 방법을 찾는다. 그렇게 방황하다가 영어를 싫어하게 된다.

수강생 P씨는 음치, 박치, 몸치인 학생이었다. 한 문장을 100번을 따라 해도 원하는 소리가 전혀 나오지 않았다. 본인이 들으면서도 어느 부분에 음이 올라갔는지, 어느 부분에 힘을 빼는지 전혀 파악 못 하는 유형이었다. 아무리 들어도 본인에게는 다 똑같이 들린다는 것이다. 이런 경우에는 1,000번을 그냥 듣고 따라 한다고 해서 절대 개선되지 않는다. 듣고 차이를 모르는데 어떻게 따라할 수 있겠는가?

그는 시각이 발달한 유형이었다. 선과 기호, 색으로 음의 강약과 고저를 표시해주자 실력이 부쩍 늘었다.

어떤 언어도 한 가지 분야만 해서는 정복할 수 없다

두 번째 유형은 한 분야에 편중되어 있다. '영어 패턴 외우기, 영어 100 문장으로 끝내기, 비즈니스 영어 표현…'. 온몸이 간지러운데 발가락만 긁고 있다. 외국어는 종합 예술이다. 한 가지만 편식하면 영양의 불균형이 온다. 말을 하려고 하면 아는 단어를 배치하듯이 떠듬떠듬 말하는 것이다. 말하기의 목적이 의사소통이 아니고 아는 단어 늘어놓기 대잔치가 되는 것이다. 이렇게 하면 원어민이 잘 알아듣지 못한다. 이런 일이 반복되면 우리는 또 좌절한다.

수강생 중에 이렇듯 영양 불균형 상태였던 J씨가 있었다. J씨는 영어에 관심도 많고 영어 공부를 매우 좋아하는 학생이었다. 첫날 J씨와 상담을 진행했다.

"선생님, 저는 영어 표현 공부하는 걸 좋아해요. 그래서 아는 표현도 정말 많거든요. 그런데 이게 대화의 적절한 타이밍에서는 나오질 않아요. 적용이 안 되고 지식으로 알고 있는 느낌이에요."
"보통 어떤 식으로 공부하는가요?"
"영어 회화 책을 통째로 외운다거나 원어민 표현을 알려주는 팟캐스트도 많이 들어요."

J씨는 표현을 대화 속의 상황이나 뉘앙스로 인식하는 것이 아니라 한국어로 일대일 매치시켜 외웠다. 그러니 암기하듯 머릿속에는 다 들어있지만 정작 꺼내 쓰기는 힘들었던 것이다. 아무리 다 외웠다고 할지라도 외운 100문장이 각기 따로 논다면 영어회화는 완성될 수 없는 것이다.

영어 공부할 때는 자신이 어떤 유형인지 먼저 파악하고 교재를 선택해야 한다. 저자한테 통한 방법이지만 본인에게는 맞지 않을 수 있기 때문이다. '무조건 이렇게 하라.'라는 방식의 교재는 무조건 피하는 것이 좋다. 또한 표현을 공부하고 싶으면 '100문장으로 영어 완성' 같은 자극적이고 근사한 교재 역시 피해야 한다.

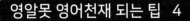

기초 영어 공부에는 원어민 수업이나 어학연수 필요 없다

미국에서 원어민과 오래 살았어도 영어 훈련을 따로 하지 않으면 영어는 크게 늘지 않는다. 반대로 한국에서도 영어 훈련을 하면 영어를 잘 할 수 있게 된다. 내가 미국의 대학원에서 공부할 때 만났던 동기 P씨가 있다. 나는 이 사람이 당연히 교포인 줄 알았다. 영어도 잘할뿐더러 생김새도 교포 같았다. 긴가민가하여 교포냐고 물어봤다. 놀랍게도 교포가 아니라고 했다. 그래서 어떻게 영어를 공부했냐고 물었다.

"사실 캐나다에 어학연수 갔었는데, 몇 달 다녀보니 이렇게 해서는 영어가 제자리일 거 같더라고요. 그래서 학교를 안가고 집에서 3개월 동안 미드만 봤어요. 듣고 따라 하기를 계속하다 보니, 영어가 편해지더라고요. 그리고 3개월 있다 학교를 갔더니 선생님들이 다들 깜짝 놀랐어요."

사실 이 방법은 알다시피 굳이 캐나다에서 할 필요는 없는 것이었다. 단지 한국에서는 할 일도 많고 만날 사람도 많은데 캐나다에서는 방해하는 것이 없으니 집중하는 데에는 도움이 될 수 있다. 하지만 한국에서도 마음만 먹으면 충분히 할 수 있는 방법이다. 해외 어학연수를 가서 원어민들과 같이 많이 놀면 영어가 저절로 좋아질 것이라는 기대는 버리자. 외국어를 잘하기 위해서는 적어도 3개월 동안은 영어 튜닝 훈련을 해야 한다. 그냥 미국에 있다고 영어가 저절로 익혀지지는 않는다.

10
영어 실력의 80%는 자신감이다

I have been given endless talents which I begin to utilize today.
나는 끝도 없는 재능을 받았으며 나는 오늘 그것을 사용할 것이다.

무슨 말을 하든 자신감이 있어야 더 잘한다

"선생님, 저 좀 살려주세요. 저 큰일 났어요!"

작년 여름, 한 분이 급하게 컨설팅 신청을 했다. 알고 보니 그 분은 어느 회사에 최종 합격까지 했는데, 문제는 회사에서 자신이 영어를 잘하는 줄 알고 해외영업 파트에 자신을 배치시켰다는 것이다. 나는 의아해서 L씨에게 자초지종을 물었다. L씨가 합격한 일화는 정말 한 편의 드라마였다.

L씨가 사장단 앞에서 최종면접을 볼 때였다. 딱 두 명만 올라갔다. 그런데, 다른 한 지원자는 서울대 출신에 해외로 영어 연수도 갔다 온 사람이었다. 그에 비해 자신은 영어 연수는커녕 학교도 그냥 인서울 수준이었다. 누가 봐도 L씨가 불리한 상황이었다.

그 회사 사장님이 최종 질문을 했다. 서울대 출신에게 먼저 물었다.

"자네는 왜 해외 영어 연수를 다녀왔나?"
"글로벌 시대에 영어는 필수인 데다 저는 해외 영업 파트에서 일하고 싶어서 해외 연수를 다녀왔습니다."

그리고 사장님은 같은 취지의 질문을 L씨에게 했다.

"자네는 왜 해외 영어 연수를 다녀오지 않았는가?"
"영어를 잘하려면 꼭 영어 연수를 갔다 와야 하나요? 안 갔다 와도 각종 미디어를 활용해서 충분히 영어를 마스터할 수 있습니다. 그리고 해외영업에서 영어 기술보다 더 중요한 건 반드시 주어진 임무를 완수하겠다는 의지라고 생각합니다."

L씨는 자신감이 넘치는 스타일이었다. 말할 때도 제스처가 크고 목소

리에도 힘이 있었다. 눈빛 또한 열정이 가득했다. 결국 L씨가 최종 합격했다. 자신감에 찬 포부가 L씨를 해외 영업부에 배치시키게 하였다.

인생에서 자신감이 얼마나 중요한지를 보여주는 일화다. 만약 사장님의 질문에 주눅이 들어서 쭈뼛쭈뼛하며 다음과 같이 대답했다고 생각해 보라.

"경제적 사정이 안 되서 못 갔습니다."

실제로 그는 경제형편이 어려워서 해외 영어연수는 생각조차 못했다. 그렇지만 이렇게 대답했으면 L씨가 합격할 수 있었을까? 그러면 L씨가 거짓말을 한 것인가? L씨는 해외 연수를 안 갔다 와도 영어는 충분히 마스터할 수 있다는 사실을 말했을 뿐이다. 그가 영어를 잘한다고 최종적으로 판단한 것은 회사고 회사의 대표다.

영화 같은 스토리였지만, 문제는 L씨가 정작 영어를 잘하지 못한다는 사실이었다. 영어 말하기는 거의 해본 적이 없었다. 그런데 당장 회사 업무는 모두 영어로 이뤄지고 있었다. L씨는 실력이 드러날까봐 두려워서 노심초사했다.

그래서 나는 일단 L씨와 '1단계 6세 톰 따라잡기' 3개월짜리 정규 수업을 진행하면서 실력을 키워가기로 했다. 하지만 회사에서 3개월을 버티는 것이 문제였다. 다행히 그 회사에서는 입사하자마자 신입사원을 출장보내거나 파견시키지 않았다. 당장 해결해야 하는 것은 전화 영어였다. 일단 버티기 용으로 급하게 몇 마디를 연습시켰다.

"Oh, I am sorry. I can't hear you well."
죄송한데요. 잘 안 들려서요.
"Maybe there is a problem with my smartphone."
아마 제 핸드폰에 문제가 있나 봐요.
"Can you send me an email, please?"
이메일로 보내주시겠어요?

이 문장을 먼저 '소리튜닝 훈련법'으로 반복 연습시켰다. 하루 이틀 집중훈련으로 이와 비슷한 문장 몇 가지를 멋지게 말할 수 있게 했다. 그리고 영어 1단계가 완성될 때까지 몇 문장으로 회사에서 버틸 수 있도록 도와주었다. 다행히 L씨의 영어 실력은 그 몇 개월 동안 아무도 눈치 채지 못했다. 그리고 나와의 '100일 소리튜닝 훈련'이 끝난 후에는 진짜로 영어를 잘하게 되었다. 영어능통자로 변한 것이다. L씨는 지금 해외 지사에서 열정적으로 근무 중이다.

궁하면 통하는 법이다. 간절하게 원하면 결국 성취한다.

원어민이 아니니까 못 하는 건 당연하다

우리나라 사람들은 대부분 영어 말하기에 특히 자신감이 없다. 잘하다가도 원어민만 보면 머리가 하얗게 되고 아무 생각도 안 든다고 한다. 외국어를 말하기에서 가장 중요한 요소는 자신감이다. 무엇보다 당당함이 있어야 한다. 영어를 못한다는 생각에 들릴 듯 말 듯 작은 소리로 말하면 원어민은 더 못 알아듣는다. 결국 원어민이 "Sorry?"라고 말하면 모든 사고가 정지되고 자신감은 저 우주 속 안드로메다로 사라져버린다.

궁극적으로 진정한 자신감은 실력에서 나온다. 하지만 외국어를 말할 때는 기본 마인드부터 바꿔야 한다. 내가 원어민처럼 빠르게 말할 필요도 완벽하게 다 들어야만 하는 이유도 없다. 일단 내가 만족하면 된다. 원어민처럼 영어를 잘하고 싶어서 하는 것이지만, 그렇지 못하다고 주눅들 필요는 전혀 없다.

차라리 술이라도 먹고 말하라

원어민과 영어로 말할 때 자신감이 없고 너무 떨린다고 말하는 분들에게 내가 권하는 방법이 있다. 술을 약간 먹고 말하는 것이다. 술을 적당히 먹으면 알딸딸해지고 기분이 좋아진다. 한편으론 정확한 판단이 잘 안 된다. 그러다보면 부끄러움도 없어진다. 자연스럽게 목소리도 커지고, 왠지 영어를 잘한다는 착각마저 든다. 맨 정신에 머뭇거리면서 대화하는 것보다 술이라도 좀 먹고 적당히 취한 상태에서 대화를 많이 해서 일단 자신감부터 갖는 것이 오히려 중요하다.

이건 또한 오픽 시험의 꿀팁이도 하다. 나는 자신감이 아주 부족한 사람들에게는, 시험 볼 때도 티가 안 날 정도까지 술을 먹고 가라고 한다. 영어로 말할 때 두려움을 없애주는 최고의 방법이다.

혹시 약간 취해서 원어민과 영어로 말해보았는가? 자신이 영어를 잘하는 것 같은 착각이 생길 것이다. 영어 공포증이 있을 때는 제정신인 상태로 하면 안 된다. 적당히 기분 좋게 술에 취하면 용기가 생기고 소리가 커진다. 뻔뻔해지고 부끄러움이 없어진다. 영어에 정말 자신감이 없다면 술에 취해서 영어로 중얼거려보라. 원어민에게도 약간의 취기로라도 자신 있게 말해보라.

미국에서 대학원 준비를 할 때 나는 토플 시험을 본 적이 있었다. 토플 시험을 저녁 7시쯤에 신청해놨는데 나는 새까맣게 잊어버렸다. 나는 친구들이랑 낮술을 즐기고 있었다. 한참 술자리를 즐기며 어느 정도 얼큰히 취해 있었다. 그런데 그때 같이 시험을 신청했던 친구에게 전화가 왔다. 나는 깜짝 놀라서 시험장으로 달려갔다. 술을 제법 먹어서 시험을 볼 정신이 아니었다. 그렇다고 시험을 포기하자니 100달러가 넘는 신청비가 너무 아까웠다. 그래서 그냥 보기로 했다.

토플은 읽기, 듣기, 말하기, 쓰기 파트가 차례대로 출제된다. 나는 읽기랑 듣기 파트를 풀 때는 너무 졸려서 졸다말다 했다. 그리고 말하기 파트가 되었을 때는 약간 술도 깨고 그냥 기분 좋은 상태였다. 말하기 파트를 할 때는 취기마저 올라 기분이 상당히 좋은 상태에서 시험을 치렀다. 그리고 쓰기 파트를 하다가는 아예 잠이 들었다. 나는 토플 성적을 보고 경악을 금치 못했다. 다른 파트는 모두 점수가 바닥이었는데, 스피킹 과목은 만점이 나왔다. 아쉽게도 성적표를 과에 제출할 수가 없었지만 스피킹할 때 발휘된 술의 강력한 힘은 확실하게 알게 되었다.

수강생 P씨의 경우는 심각했다. 강사인 내게 말할 때조차 입을 덜덜 떨고 손까지 심하게 떨었다. 그 상태에서 시험장에 간다면 기절하지 않는 게 다행이다 싶었다. 나는 진심으로 말했다.

"꼭, 기분 좋은 정도까지만 술 먹고 가요."
"선생님, 신성한 시험장에 어떻게 술을 먹어요. 저는 절대로 그렇게 못 합니다."

그런데 그가 시험 시작 한 시간 전에 소주 사진을 내 카톡으로 보내줬다. 너무 떨려서 전 날 한숨도 못 잤단다. 고민을 하다가 술을 몇 잔 먹는다는 것이다. 시험이 끝난 후 문자가 왔다.

"선생님, 덕분에 정말 편하게 시험 봤습니다. 감사합니다."
일주일 후 P씨에게서 목표 성적을 달성했다는 문자가 왔다.

왜 이렇게 몸에 안 좋은 술을 권하는가 싶겠지만, 가끔 우리의 예민한 신경을 조금은 마비시킬 필요가 있다. 영어에 대한 공포가 가득한 상태에서는 두뇌 회전이 정지되고 정말 아무 말도 떠오르지 않는다. 먼저 영어에 대한 공포를 없애야 한다. 술은 그저 도구일 뿐이다. 무엇보다 중요한 것은 자신감이다. 나는 항상 수강생들에게 말한다.

"아무것도 없어도 자신감 있게 말해야 합니다."

영어 실력의 8할은 자신감이다. 자신감이 없으면 말이 입밖으로 나오지 못한다. 자신에게 항상 주문을 외워라.

"나는 영어천재다! 나는 영어가 즐겁다! 영어는 나의 무기다!"

11
영어 울렁증을 몰아내는 법

I am adventurous. I overcome fears by following my dreams.
나는 모험가이다. 나는 꿈을 좇음으로써 공포를 극복한다.

영어를 잘하고 싶다면 먼저 좋아한다고 말하라

"영어를 좋아하세요?"

이렇게 질문을 하면 다들 애매한 표정을 짓는다. 좋아하고는 싶은데 너무 먼 상대이기 때문이다. 친해지고 싶긴 한데 어려운 것이다. 한마디 꺼내기가 두려울 뿐이다.

왜 영어가 두려울까? 알게 모르게 쌓여온 경험들 때문이다. 영어를 못해서 부끄러웠던 순간들. 영어가 안 돼서 좌절했던 순간들이 그렇게 만든 것이다. 영어에 대한 부정적이고 두려운 이미지는 당신이 영어를 하는 데 큰 걸림돌이다. 영어에 대한 부정적인 생각은 부정적인 결과를 가져올 수밖에 없다.

영어를 하려는 데 두려움이 앞선다면 잘할 수 있을까? 당연히 잘할 수 없다. 영어를 공부할 때 가장 먼저 할 일은 영어에 대한 이미지를 세탁하는 것이다. 영어를 생각하면 즐거워야 한다. 영어가 나에게 자신감을 줄 것이라고 생각하는 것이다. 두려움이나 부정적인 생각으로 영어를 공부하면 도중에 포기하기 쉽다. 생각이 결과를 만들기 때문이다.

그러면 수십 년 동안 만들어진 영어에 대한 부정적인 마인드를 어떻게 바꿀 수 있을까?

얼어있는 커다란 눈덩이는 가만히 놔둔다고 녹지 않는다. 조금씩 쪼개서 녹이면 훨씬 빨리 녹는다. 영어에 대한 두려운 마음은 아주 사소하고 작은 것부터 성취해나가면 어느새 모두 없어질 것이다. 무엇보다 작은 것부터 성취를 느껴보는 것이 필요하다.

영어가 두렵지 않을 때까지 생각을 고쳐라

내가 러시아에 있을 때의 일이다. 러시아어를 잘하지 못할 때는 슈퍼마켓에 가는 것조차 공포였다. 그 당시 러시아 슈퍼마켓은 사고자 하는 물건을 말하면 주인이 꺼내주는 방식이었다. 나는 러시아어에 대한 나의 두려움을 깨기 위해 일일 계획을 세웠다.

'슈퍼에서 주스 주문하기.'
'맥도날드에서 빅맥 세트 주문하기.'

이런 식이었다. 어느 날, '슈퍼에서 주스 주문하기'를 실천하기로 작정했다. 용기를 내서 슈퍼로 갔다.

"안녕하세요, 주스 주세요!"

나는 일부러 밝은 목소리로 크게 말했다. 그런데, 아뿔싸! 슈퍼마켓의 러시아인 주인은 속사포처럼 쏘아 붙였다. 몇 분의 시간이었겠지만 내가 느끼기에 몇 시간은 되는 느낌이었다.

"무슨 주스? 주스가 한두 개야? 우리 집에 주스가 10가지가 넘어. 이거 내가 다 말해야 돼? 당신이 처음부터 무슨 주스를 달라고 해야지! 그렇게 말해야 내가 편하지 않겠어? 그래, 안 그래?"

당시 러시아는 공산국가였기 때문에 서비스 마인드가 전혀 없었다. 순간적으로 내 머릿속은 하얘졌다. 아무 생각도 들지 않았다. 그저 너무 창피하고 두려울 뿐이었다. 주문이고 뭐고 더 이상 서있을 수도 없었다. 슈퍼마켓에서 그냥 나와버렸다.

뒤에서 나를 향해 내지르는 소리가 들렸다. 나는 집에 와서도 한동안 멍하게 앉아있었다. 내가 무엇을 잘못했기에 저렇게까지 나한테 소리를 칠까? 아무리 생각해봐도 나는 아무 잘못이 없는데 말이다.

하지만 내가 누구인가!

바로 다음 날 나는 같은 슈퍼로 향했다. 이번에는 사과 주스를 시켰다. 그 주인은 나를 기억하는지 실실 웃으며 알은 체를 했다. 가게의 주인 남자는 사과 주스를 주면서 말했다.

"이렇게 무슨 주스를 원하는지 말하니까 좋잖아!"

그때부터 나의 반격이 시작되었다.

"사과라는 말을 러시아어로 몰랐어요. 당신은 사과주스가 한국어로 무엇인지 알아요?"

"당연히 모르지. 내가 왜 알아야 돼?"

"그럼 영어로 무엇인지 알아요? 당신이 한국어도 모르고, 또한 영어도 모르니까 내가 애써서 러시아어로 해주잖아요!"

"여긴 러시아야. 그럼 러시아어로 하는 게 당연하지!"

"그럼 당신이 다른 나라 여행가면 어떻게 할 거예요? 그 나라 사람이 영어도 못한다고 화내면 좋겠어요? 그러다 여행 절대 못가요."

그제야 주인은 아무 말도 못하고 눈만 끔뻑끔뻑했다. 나는 속이 뻥 뚫리는 기분이었다. 그 날 이후 러시아에서 무언가를 주문할 때 생기던 공포가 말끔히 사라졌음은 물론이다.

갑자기 왜 이렇게 말을 잘하게 되었을까 궁금하지 않은가?

역사는 간밤에 준비되었다. 나는 전날 밤 슈퍼 주인에게 할 말을 사전을 찾고, 또 친구에게 물어가며 대본을 썼다. 당연히 시나리오는 여러 가지 유형으로 다양하게 작성했다. 그리고 거울을 보고 연습하고 또 연습했다. 어렸을 때 내가 억울한 일을 당하면 했던 방법이었다.

내가 만약 다시 그 슈퍼마켓에 가지 않았다면 어땠을까? 나는 좋지 않은 경험 때문에 러시아어에 공포가 생겼을 것이다. 어떤 두려움이든 자신만의 방식으로 조금씩 깨나가면 된다. 나는 우리 수강생들이 작은 성취감을 항상 느끼도록 짧게 프레젠테이션을 시킨다거나 다 같이 영화 더빙 작업을 한다. 이렇게 하나씩 성취해나가면 내면에 쌓여 있던 영어에 대한 부정적인 이미지가 없어진다.

영어가 즐겁고 편한 존재라는 이미지를 자신에게 심는 것이 필요하다. 예컨대, 자신이 영어를 잘해서 원하는 목표를 이뤘을 때의 모습을 상상하는 것이다. 만약 자신의 목표가 원어민 친구와 유창하게 영어로 대화를 하는 것이라면, 자신이 대화를 주도하면서 수다를 떠는 모습을 상상해보라.

목표를 성취했을 때의 기분과 감정을 미리 충분히 느껴본다.
이렇게 매일 상상하다 보면 영어가 불편하고 힘든 시험이라는 스트레스에서 즐겁고 편한 대상으로 바뀔 것이다.

영어만 마주치면 긴장이 될 때는 어떻게 하죠?

나는 수업 시작 전에 **NLP** 기술 중 구체적 비전vision 그리기를 한다.

"자, 모두 눈을 감습니다. 여러분은 지금 햇살이 가득한 카페에서 원어민 친구들과 영어로 대화를 나누고 있습니다. 어느 정도 수준의 영어를 쓰고 있나요? 생각하는 바를 모두 편하게 영어로 말할 수 있습니까? 당신은 친구들과 어떤 이야기를 나누고 있나요? 지금 당신의 느낌은 어떤가요?"

수강생들은 이렇게 머릿속에서 자신의 목표를 시각화한다. 그리고 그것을 이뤘을 때의 행복한 느낌을 충분히 느끼게 한다. 그런 다음 이 목표를 이루기 위해 무엇을 해야 하는지, 어떻게 공부해야 하는지 스스로 할 일을 정하게 한다. NLP에 의한 사고는 스스로 목표를 설정하고 할 일도 자신이 정하고 책임도 본인이 감당하게 한다. 이러한 과정을 거쳐서 영어에 대한 기존의 이미지를 긍정적으로 바꾼다. 그리고 영어를 말할 때, 훨씬 자신감 넘치고 즐겁게 하게 된다. 잠재의식은 생각을 바꾸고, 생각은 행동을 바꾸며, 행동은 인생을 바꾼다. 당신도 이 NLP 시각화를 통해 본인이 목표를 이루었을 때의 모습을 상상해보길 바란다.

12

영어를 실수 없이 하려는 완벽함을 버려라

Life does not have to be perfect to be wonderful.
인생은 멋지기 위해 완벽할 필요는 없다.

원어민이 아니니까 실수는 당연하다

'나는 외국인이다. 나는 이 언어가 내 모국어가 아니다. 그러니 완벽하지 않은 건 당연하다.'

이런 생각으로 영어를 해야 한다. 실수를 두려워하지 않으면 영어 말하기에 당당해진다. 만약 상대방이 너무 빨리 말하기 때문에 못 알아듣는다면 당당하게 요구하라.

"조금만 천천히 다시 말해줄래요? 나는 원어민이 아니예요."

이렇게 말한다고 이상하게 생각하는 사람이 있을까? 반대로 생각해보라. 외국인이랑 한국어로 대화하고 있는데 어쩌다 보니 내가 빨리 말해버렸다. 그런데 그 외국인이 나에게 말한다.

"미안한데, 너무 빨리 말해서 못 알아들었어요. 천천히 다시 한 번 말해줄래요?"

그러면 내가 그를 이상한 사람이라고 생각하겠는가? 오히려 상대방에게 미안한 생각이 들어서 친절하게 천천히 다시 말하지 않겠는가!

용감하게 하는 말이 실력을 키운다

러시아에서 어학연수를 할 때다. 나는 흥미로운 사실을 발견했다. 유럽이나 미국에서 온 학생들은 보통 앞에 앉아 있고 한국인들은 다 뒤에 앉아 있었다. 유럽 학생들은 개방된 자세로 가슴을 쭉 펴고 있었고 한국인들은 그들 사이에서 꼭꼭 숨어 있었다.

당연히 수업을 주도하는 것은 외국친구들이었다. 정말 말도 안 되는 러시아어를 쓰면서 선생님이 제지할 정도로 말을 많이 했다. 아무 말이

나 막 내뱉는 것 같았다. 그에 비해 한국 친구들은 선생님이 물어보는 것만 아주 짧은 단답형으로, 하지만 완벽하게 대답했다.

나는 수업 중 관찰을 끝내고 두 그룹 가운데 유럽 친구들을 따라 하기로 했다. 물론 나도 한국 교육을 받고 자랐기 때문에 이런 행동이 어색하고 힘들었다. 하지만 일단 시도해보기로 했다. 앞자리에 앉고 가슴을 쭉펴고 심지어 다리까지 꼬았다. 마음속으로는 불편했지만 겉으로는 여유로운 척했다. 그리고 말도 안 되는 러시아어를 마구 내뱉기 시작했다. 얼마나 아무 말이나 내뱉었으면 선생님이 생각 좀 하고 말하라고까지 하셨을까! 수업 중에 친해진 프랑스에서 온 에밀리는 나에게 말했다.

"너는 참 한국인 같지 않아. 내가 아는 한국인들은 다들 조용하고 말도없고 한국인들끼리만 말하는데."
"응, 내가 좀 특이해!"

6개월이 지난 후에 이 두 그룹의 러시아어 수준은 엄청나게 벌어졌다. 유럽친구들은 거의 러시아인 수준으로 유창하게 말했다.

왜 이런 차이가 일어날까?
한국인은 완벽주의 성향이 강하다. 한국인들의 완벽주의 성향은 우리나라 교육 제도 때문이다. 실수가 당락을 가르기 때문이다. 실수를 용납하지 않는 사회적 분위기도 한몫한다. 학교에서 시험 볼 때, 비슷한 맥락이라도 교과서에 쓰여 있는 대로 똑같이 쓰지 않으면 감점을 준다. 만약에 우리나라에서 어떤 아이가 에디슨처럼 달걀을 품고 있으면 사람들이 뭐라고 할까? 아마 병원에 데려가보라고 할 것이다.

이런 사회적 분위기에서 자랐기 때문에 외국어를 할 때 실수를 두려워하는 것이다. 물론 완벽주의적인 성향이 빛을 발하는 경우도 있다. 제품을 결함 없이 완벽하게 만든다거나 숫자를 다루는 것과 같이 실수가 사고로 연결되는 분야에서는 아주 좋은 성향이다. 하지만 완벽주의자들은 실수가 두려워서 많은 시도를 하지 않는다. 새로운 도전이나 창의적인 분야에 있어서는 결코 좋지 않은 성향인 것이다.

완벽주의자는 모든 일을 다 완벽하게 해내야 한다고 생각하는 사람이다. 그래서 최대한의 결과를 예상할 때까지 함부로 시도하지 않는다. 완벽주의자들은 실패를 두려워하기 때문이다. 그러나 영어를 잘하기 위해서는 실패를 두려워하면 안 된다.

이렇게도 말해보고 저렇게도 말해보고, 끊임없이 시도하고 고쳐봐야 한다. 그 과정에서 점점 유창해지고 편해진다. 하지만 완벽주의자가 되면 시도해서 틀릴까봐 혹은 상대방이 알아듣지 못할까봐 겁이 나서 영어를 입밖으로 내뱉지 못한다.

완벽하게 하려다간 한마디도 못한다

수강생 가운데는 완벽주의자도 있고, 소극적인 친구도 있으며 뻔뻔하고 대범한 친구도 있다. 정말 안타까운 건 완벽주의자들이 노력은 훨씬 많이 하지만 점수는 똑같이 나오거나 덜 나온다는 사실이다. 뻔뻔하고 대범한 친구들은 그냥 수업시간에 와서 재미있게 즐기다가 간다. 과제도 잘하지 않는다.

그에 비해 완벽주의자들은 엄청난 스트레스를 받으면서 과제 또한 완벽하게 제출하려고 한다. 때로 어떤 완벽주의자들은 본인이 생각한 기준에 비해 완벽하게 안 될 경우 극심한 스트레스를 받는다. 결국엔 수업을 중도에 포기하기도 한다.

작년 겨울에 완벽주의 성향의 수강생 L씨가 왔다. 처음에는 L씨가 완벽주의 성향인지 몰랐다. 생김새가 수더분하고 수업시간에 항상 생글생글 웃었다. 그런데 하루하루가 지날수록 얼굴에 근심이 가득했다. 이해가 되지 않았다. 왜냐하면 L씨에게 항상 소리가 너무 좋다고, 잘한다고 피드백을 해주었기 때문이다. 게다가 목표 점수에 맞는 소리가 나오고 있었다. 하지만 수업 때마다 다른 종류의 걱정과 근심을 가져왔다.

"L씨 ,지금 소리 딱 좋아요. 그냥 그대로 입으로 암기하세요."
"선생님, 그런데 제가 들을 때는 소리가 별로 안 좋아요. 정말 녹음할 때마다 핸드폰을 던져버리고 싶어요. 왜 나는 선생님 같은 소리가 안 나오는지 답답해요."

원하는 목표치가 높을 수는 있다. 하지만 그 목표치에 실패 없이 한 번에 도달하길 바라는 완벽주의 성향이 오히려 발전을 가로막고 있었다. 시간이 갈수록 표정이 더 어두워졌다. 급기야 너무 스트레스를 받아서 과제 제출을 못하겠다고 했다. 그러더니 어느 날인가부터 수업시간에 L씨가 안보였다. 나는 너무 안타까웠다. 좋은 자질을 갖고 있으면서도 높은 기대치에 도달하지 못한다고 자학하고 있는 것이었다. 결국 포기해버리고 말았다.

그냥 조금만 더 즐겁게 하면 원하는 바를 이뤘을 텐데!

누가 뭐라 하든 당당하고 뻔뻔해져라

그에 비해 뻔뻔한 J씨가 있다. J씨에게는 특유의 유쾌함과 당당함이 있었다. 그의 영어 소리는 그렇게 좋은 편도 아니었다. 하지만 목소리에 자신감이 있었다. 수업 중에도 항상 맨 앞에 앉았고 목소리는 제일 컸다. J씨는 행정고시를 준비하다가 계속되는 낙방으로 영어 공부를 해서 취업을 하려고 마음먹은 거였다. 행정고시 공부만 하다가 영어 공부를 하니 너무 재미있다고 했다. 그러나 J씨는 과제도 잘하지 않았다. 그냥 오고 가는 통학 길에서 입으로 계속 중얼거리면서 다녔다. 그리고 2주 후 수업이 끝나는 날 바로 시험을 보러 갔다.

"J씨, 오늘 시험 본다고요? 어느 정도 유형 암기하고 가는 거예요?"
"네? 아니요. 그냥 몇 개만 입에 붙었어요. 그냥 봐보려고요. 안 되면 또 보죠, 뭐. 그냥 즐겁게 시험 보고 올게요!"

그렇게 J씨는 힘을 빼고 즐겁게 시험을 봤다. 결과는 놀랍게도 한방에 자신이 목표로 했던 성적을 얻었다. 앞에 L씨와 비교하자면 J씨의 영어 실력은 한참 못하는 수준이었다. 하지만 완벽하려는 성향에 몸이 무거워져서 L씨는 물에 가라앉고 J씨는 즐기면서 수영을 하듯 합격한 것이다.

앞서 말했듯이 나의 원래 성격은 트리플A형이다. 나도 가끔은 내면과 행동이 충돌하여 괴롭고 힘들다. 하지만 계속 시도하여 성격을 바꾼 유형이다. 내향적인 분들에게는 안타까운 소식이지만 외국어를 잘하는 성격은 외향적인 성격이다. 어쩔 수 없다. 많이 말해봐야 한다. 틀려도 무시할 수 있는 뻔뻔함이 필요하다. 외국어를 잘하고 싶다면 먼저 성격을 바꿔야 한다.

영어는 수영 배우는 것과 같은 이치다. 우리가 처음에 수영을 배울 때 완벽하게 이론대로 하려고 하면 긴장해서 몸이 점점 밑으로 가라앉는다.

영어도 마찬가지다. 완벽하게 하려고 하면 긴장되고 머리가 정지된다. 그러니 영어를 할 때 몸에 힘을 빼고 완벽하게 하겠다는 생각을 없애라. 당당하고 뻔뻔해져라.

'내가 원어민이 아니니까 틀리는 건 당연해!'

외국어를 배울 때 완벽주의 성향은 쓰레기통에 확 던져버려라. 영어 공부에서는 '최적주의자'가 되어야 한다. 최적주의자의 대표적인 인물로는 마이클 조던, 에디슨, 링컨 등이 있다. 이들은 실패를 두려워하지 않는다. 오히려 그 과정을 즐긴다. 링컨이 말했다.

"실패는 고통스럽고 견디기 힘들었지만 나는 반드시 앞으로 나아가야 했다."

최적주의자들은 실패야말로 성공으로 가는 지름길이라고 생각한다.

13

10년간 반복한 작심삼일에서 벗어나라

Today, I will let go of the past that I do not need and create future that I want.
오늘 나는 내가 필요하지 않은 과거를 보내고 내가 원하는 미래를 만들 것이다.

진짜로 영어 공부한 시간이 얼마나 되십니까?

나는 당신의 올해 목표를 알고 있다.

1. 영어공부

2. 운동하기

이것이다. 새해 첫날 가장 붐비는 곳은 어디일까? 영어 학원과 헬스장
이다. 두 곳의 공통점이 무엇일까? 모두 첫날은 매우 붐비다가 점점 한

산해진다. 하고 싶은 열망과는 달리 의지가 따라주지 않는 것이다.

수강을 완료하면 환급해주는 시스템의 학원이 있다. 사람들의 심리를 활용하여 마케팅에 성공했다. 다들 왠지 나는 완강해서 환급을 받을 수 있을 것 같다고 생각하기 때문이다. 수강생 가운데 누군가 그 학원 대표에게 질문을 했다.

"이렇게 다 환급해주면 회사가 망하지 않을까요?"
"수강생 가운데 수강을 완료하는 사람이 얼마나 될 거 같으세요? 생각보다 정말 별로 없습니다. 전체의 10% 정도 밖에 되지 않습니다. 사업을 시작하기 전에 이미 이 데이터를 연구했고, 실제 사업을 진행해보니 정말 많은 수강생들이 중도에 포기합니다."

이 글을 읽고 있는 당신도 환급 시스템에 홀려 결제를 해놓고 결국 환급받지 못한 일이 있을지 모른다. 그러면서 묻는다.

"나는 20년 가까이 영어를 했는데, 왜 영어를 못할까요?"

그럼 나는 이렇게 묻고 싶다.

"20년 동안 정말 꾸준히 영어를 연습했나요? 20년 동안 진짜 영어에 애정을 갖고 연습을 한 건 몇 시간이나 되나요?"

물론 '고등학교 때 대학 입시를 위해서 3년 내내 했어요.' 하고 반박할 수 있다. 그래서 3년 동안 열심히 했던 읽기는 잘하지 않았는가? 하지만 영어 말하기는 어떤가? 20년의 세월 동안 몇 시간이나 투자했는가? 영어 말하기를 잘하기 위해 얼마나 많은 학원을 등록했고, 얼마나 많은 책을 구입했고, 어학연수를 갔다 왔는지에 대한 질문이 아니다. 3개월 이상 집중적으로 영어 말하기 연습을 한 적이 있는가에 대한 질문이다.

하루에 30분은 하고 나서 잘하게 되길 바라라

40대 중반 정도 되신 수강생 K씨가 있었다. 그 분은 무슨 주제가 나오건 영어가 주크박스처럼 술술 나왔다. 나이를 감안한다면 신기할 정도였다. 그런데 자신의 영어 소리에 만족하지 못해서 영어 소리튜닝 코칭을 받으러 오신 거였다. 그 분에게 그동안 어떻게 영어 공부를 했는지 물어봤다.

"저는 전화 영어를 2년 정도 했어요. 처음 전화영어를 시작했을 때는 정말 입밖에 한마디도 안 나왔어요. 그런데 2년 정도 꾸준히 했더니 아는 단어도 많아지고 말하고자 하는 내용을 거의 말할 수 있게 되었어요. 그런데 전화 영어로는 제 한국인 영어 소리가 고쳐지지 않더라고요."

2년 동안 꾸준히 노력한 K씨가 대단했다. 영어는 기술이다. 기술을 익히는 방법은 계속 꾸준히 연습하는 수밖에 없다. 여기저기서 영어를 익히는 대단한 비법을 말하지만 사실 꾸준히 계속 그 언어를 쓰는 것보다 좋은 방법은 없다. 하루 30분도 영어로 말하지 않으면서 갑자기 잘하길 기대하면 안 된다. 마법의 실체는 꾸준함에서 나온다.

매일매일 목표를 기억하고 MAP를 쓰라

10여 년 동안 다양한 연령대의 학생을 가르치면서 가장 힘들었던 건 '영어'가 아니었다. '어떻게 하면 영어를 포기하지 않게 할까'였다. 수업을 진행하다보면 수강생의 10% 정도는 스스로 동기부여하고 알아서 즐겁게 수업에 따라온다. 그러나 나머지 학생 가운데 상당수는 점점 목표를 잃고 중간에 포기한다.

'어떻게 하면 포기하는 비율을 줄일 수 있을까?'

항상 고민했다. 해결책을 찾기 위해 많은 책을 읽고 연구했다. 그러던 중 NLP 심리 기법을 알게 되었다. 수업에 적용하기 위해 나는 영국 공식 기관에서 인정하는 NLP 트레이너 마스터 자격증을 땄다.

나는 이 기법을 수업에 이용했다. 자신의 목표를 설정하고 그 목표를 이뤘을 때 기쁨을 오감으로 충분히 느끼도록 했다. 그 목표를 이루기 위한 디테일한 액션플랜도 본인이 만들게 했다. 본인이 만든 액션플랜의 성공 여부도 스스로 체크하게 해서 카페에 서로 공유하게 했다. 이 책의 독자분들을 위해 액션플랜 양식을 밑에 첨부한다. 이 액션플랜은 무슨 목표든 성취할 수 있게 도와준다. 나도 다이어트 할 때 매일 작성했다.

Massive Action Plan, 즉 MAP을 어떤 식으로 작정하는 것인지 다음 페이지의 예시와 함께 살펴보자. MAP은 자신이 목표로 하는 것을 이루는 데 가장 중요한 활동이다. 목표를 이룰 때까지 매일매일 해야 한다. MAP를 작성할 때는 가능한 자세히 쓰고, 오감을 자극하는 표현을 쓴다.

MAP의 효과

1. 매일 자신의 목표를 상기시킨다.
2. 목표를 이루기 위해 해야 할 상세한 활동을 본인이 정한다.
3. 자신이 작성한 활동을 다 해냈을 때 MAP를 쓰며 성취감을 느낀다.
4. 액션플랜을 다 못 했을 때 앞으로 어떻게 하면 이룰 수 있는지 생각해볼 수 있다.
5. 긍정적 확언Positive affirmation을 매일 하며 자신에 대한 긍정적 이미지를 고취시킨다.

나의 수강생들은 매일 '액션플랜'을 작성해서 모든 수강생들과 공유할 수 있도록 했다. 또한 자신의 액션플랜에 '최종 목표'를 매일 작성한다. 그리고 그 목표를 이루기 위한 자신의 자세한 '행동 플랜'을 작성한다. 그 액션플랜을 카페에 올리면 모든 수강생들이 댓글로 힘을 준다.

목표를 공유하고 서로 응원하고 격려하라

이렇게 매일매일 훈련기간 동안 '액션플랜'을 작성하면 자신의 목표를 까먹지 않고 계속 영어를 훈련할 수 있다. 독자분들은 뜻이 맞는 친구와 함께 액션플랜을 공유해서 하면 된다. 상대방의 액션플랜에 항상 큰 힘을 줘야한다.

'잘하고 있습니다!'
'반드시 해낼 것입니다!'
'할 수 있습니다!'
'이미 다 이뤘습니다. 감사합니다!'

이런 긍정의 말을 상대방에게 하면서 동시에 나를 응원한다.

Massive Action Plan		
Date		
What		
Why		
By When		
Description of Massive Action to be taken		
Action steps	Potentional Barriers	Result
1.		
2.		
3.		
4.		
5.		
6.		
Positive affirmation	1.	
	2.	
	3.	

Massive Action Plan

Date	2018/7/1
What	영어 훈련 1단계를 완성한다.
Why	원어민들과 자유롭고 행복하게 영어로 대화하고 싶다. 직장에서도 영어가 나의 무기가 된다. 영어로 멋있게 프레젠테이션 할 수 있다.
By When	2018년 9월 30일까지 완료한다.

Description of Massive Action to be taken

Action steps	Potentional Barriers	Result
1. 기상시간 5시	알람을 꺼버릴 수 있다. 알람을 3개 켜자. 일어나서 바로 샤워하자.	Y
2. 음소단위 하루 3개 훈련	귀찮아서 안할 수 있으니 씻기 전에 거울 보면서 연습한다.	Y
3. 하루 영화 20문장 소리 분석 훈련	각 문장마다 편해질 때까지 반복 연습, 적어도 한 문장 10번 이상.	Y
4. 한글 보고 영어로 말하기	훈련한 소리 그대로 반복해서 영어로 말한다. 5번 이상 반복한다. 암기하려고 애쓰지 않는다.	Y
5. MP3 파일 따라 듣고 다니기	하루 종일 연습한 소리를 듣고 따라 한다. 통근 길에, 점심 먹고 30분 동안, 적어도 1시간 짬을 낸다.	N 바빠서 시간이 없었다. 다음에는 먼저 해야지.
6. 전에 훈련한 문장 체화 복습	한글을 보고 영어로 말한다. 헷갈리는 문장은 다시 소리 연습한다. 3번.	Y
Positive affirmation	1. I am great and wonderful.	
	2. I am the architect of my life.	
	3. I am superior to negative thoughts and low actions.	

이 모든 기법을 수업에 적용한 이후로 스스로 동기부여해서 열심히 하는 비율이 10%에서 50% 이상 늘어났다. 그리고 이전보다 훨씬 많은 수강생들이 즐겁게 목표를 성취했다. 정말 놀라웠다. 긍정적 의식이 우리의 행동과 사고에 얼마나 큰 영향을 미치고 다른 결과를 가져오는지 깨달을 수 있었다. 영어를 잘하기 위해서는 요행을 바라지 않고 곰이 마늘 먹듯 아무 생각 없이 우적우적 씹어먹어야 한다. 호랑이처럼 먹다가 생각이 많아져서 동굴을 뛰쳐나가면 안 된다.

모든 운동은 인내와 끈기가 필요하다. 영어도 운동이다.

마인드튜닝의 마법, 매일 아침 액션플랜!

① 최종 목표를 떠올리고 생생하게 상상하며 되새긴다

② 최종 목표에 따른 구체적인 목표를 작성한다

③ 구체적인 목표에 따른 세부 실천 사항을 작성한다

④ 실천 사항에 따른 오늘 해야 할 일 목록을 만든다

⑤ 잠들기 전, 액션플랜을 점검하고 피드백한다

＋ 그룹 혹은 파트너와 공유하면 효과가 더욱 올라간다.

Training is everything.
The peach was once a bitter almond; cauliflower is
nothing but cabbage with a collage education.

훈련이 전부다. 복숭아도 한때는 쓴 씨앗에 불과했다.
꽃배추도 대학교육 받은 양배추일 뿐이다.
– 마크 트웨인

3장

영어천재가 되는 영어 소리튜닝

갓주아의 메시지 No.3 : 원어민 6세 수준 1단계부터 정복하라

갓주아의 메시지 No. 3
원어민 6세 수준 1단계부터 정복하라

외국어를 배울 때 가장 좋은 방법은 아기가 모국어를 배우는 방식을 따라 하는 것이다. 아기는 모국어를 배울 때 소리를 먼저 듣고 익힌다. 소리를 듣지 못하면 제대로 말할 수 없다. 언어에서 소리는 가장 기본이다. 그러므로 외국어를 배울 때 그 나라에 맞는 소리로 튜닝해야 한다.

'영어 소리튜닝'은 단순한 발음 교정이 아니다. 영어의 최소 소리단위인 음소를 익히고 정확한 발성법, 호흡법, 리듬법, 입 모양 등을 모두 교정하는 것이다. 모든 언어는 다른 소리를 갖고 있다. 비슷한 소리끼리는 쉽게 배울 수 있다. 하지만 안타깝게도 영어는 한국어와 모든 면에서 소리가 다르다. 그러므로 영어 소리튜닝 훈련을 통해 영어 소리를 몸에 체화시켜야 한다.

이 단계 훈련을 마치고 나면 원어민 6세 수준의 영어를 구사할 수 있게 된다. 그럼 지금부터 구체적인 '영어 소리튜닝법'을 배우자!

14

자신의 외국어 습득 유형을 파악하라

I believe in myself and my abilities.
나는 내 자신과 내 능력을 믿는다.

정보를 받아들일 때 내가 선호하는 감각 유형은?

수강생 Y씨는 단어나 문법을 너무 몰라서 토익 점수는 500점대였다. 그래서 영어 자체에 대한 자신감이 전혀 없었다. 그런데 영어 소리는 너무 좋았다. 이 친구는 자신이 영어 소리가 좋은 것조차 모르고 있었다. 내가 영어 소리가 좋다고 말을 하니 그 수강생은 정말 깜짝 놀라했다. 이 친구의 좋은 영어 소리가 어디서 나왔는지 알기 위해 질문을 시작했다.

"어렸을 때 외국에 살았거나 여행을 많이 했니?"

"아니요. 저는 비행기 타본 적이 없어요."

"그럼, 미드나 영화 좋아하니?

"아니요. 저는 TV 잘 안 봐요."

"그래? 그럼 뭐지? 왜 영어 소리가 좋을까?"

"아, 선생님. 저, 팝송 듣고 따라 하는 것을 좋아해요."

잠깐! 이 이야기를 보고서 이렇게 생각하는 사람들이 있다.

'아. 그럼 나도 팝송을 주구장창 들으면 되겠구나!'

아니다. 이 친구는 청각으로 정보를 받아들이는 유형이다. 그러니 시각으로 정보를 파악해야 하는 토익 점수는 낮았던 것이다.

이렇듯 모든 사람들은 각자 자신이 선호하는 감각체계가 있다. NLP 이론에 따르면 모든 사람들은 오감을 통해서 정보를 받아들인다고 한다. 오감은 시각, 청각, 후각, 미각, 촉각이 있다. 보통은 후각, 미각, 촉각을 합해서 체각이라고 한다. 대부분 사람들은 '시각V. visual', '청각A. auditory', '체각K. kinesthetic'을 모두 이용하지만 자신만이 조금 더 선호하는 감각이 있다고 한다. NLP에서는 시각, 청각, 체각, 즉 표상 시스템 중 우선적으로 사용하는 것을 '선호 표상 시스템'이라고 한다.

영포자였어도 원래 외국어에 재능이 있는 사람일 수 있다. 단지 몰랐을 뿐이다. 보통 외국어에 재능이 있다고 하면 남의 소리를 따라 하는 능력이 좋다는 말이다. 개그맨이 성대모사를 한다거나 가수가 어떤 가수의 노래를 똑같이 따라 부르는 능력을 말한다. 그래서 개그맨이나 가수들 중에 외국어를 잘하는 사람들이 많다. 보통 청각이 발달된 사람들이다.

모든 사람이 오감 중 청각이 더 발달한 것은 아니다. 듣고 따라 해도 그 소리가 안 나올 수 있다. 그런데 자신이 그런 유형이 아닌데 그대로 하면 좌절만 할 뿐이다. 그냥 아무런 원리에 대한 지식도 없이 듣고 따라만 해서는 변화가 없는 사람도 있다. 물론 조금씩은 좋아질 수 있겠지만 보통 우리는 변화가 없다고 생각하면 중도에 그만둔다. 그리고 다른 방법을 또 찾는 것이다. 이런 과정을 겪으면서 점점 영어에 대한 이미지가 부정적이고 두려워지게 된다.

그래서 소리 훈련을 본격적으로 하기 전에 반드시 해야 할 일은 자신의 외국어 습득 유형을 파악하는 것이다. 자신의 유형을 모른 채 남이 하는 방식대로 따라 하면 오래 걸리고 심지어 포기하게 될 수도 있다.

'나는 이렇게 공부해서 영어를 정복했다.'
'나는 3개월 이렇게 공부해서 원어민 수준이 되었다.'

이런 문구에 속으면 안 된다. 사람마다 목표가 다르고 현재 상태 혹은 재능이 다르다. 다 똑같이 적용될 수 없다. 사람마다 더 발달된 감각이 다르다.

영화보고 언어를 마스터했다는 사람들은 대부분 청각이 발달했다. 이 경우 외국에서 유학을 하면 저절로 영어가 좋아질 수도 있다. 하지만 시각이나 체각이 더 발달한 사람들은 그냥 듣고 따라만 해서는 빠른 시간 내에 좋아지지는 않는다. 시각과 체각이 발달한 사람은 영어 공부를 달리해야 한다. 시각이 발달한 사람들은 100번 들어도 소리의 차이를 잘 못 느낀다. 소리의 규칙을 눈으로 볼 수 있게 해줘야 이해가 빠르다. 체각이 발달한 사람은 소리의 규칙을 몸으로 익혀야 한다. 이렇듯 모든 사람의 소리튜닝 방법은 유형에 따라 조금씩 달라야 한다.

그러므로 다르게 접근해야 한다. 나는 처음 수강생과 상담을 할 때 어느 감각이 더 발달된 사람인지 측정을 하고 거기에 맞춰서 수업을 진행한다.

자신의 선호 오감 유형 알아보기

이 질문지는 당신이 어떤 유형인지 알아볼 수 있도록 도와줍니다. 각각의 문항을 읽어보고 자신에 해당하는 부분에 표시하세요!

나는 수업을 고를 때	토론할 수 있는 수업을 선호한다.	그림이나 도표, 비디오 등을 활용한 수업을 선호한다.	체험할 수 있거나 돌아다니는 수업을 선호한다.
나는 새로운 기기를 작동할 때	이미 써본 사람의 사용 설명법을 듣는 게 좋다	일단 한번 이리저리 만져본다.	설명서를 먼저 읽어본다.
나는 사람을 만날 때	사람들과 육체적인 활동을 하기를 원한다	사람들 이름을 잘 외운다.	나는 사람들 얼굴을 잘 기억한다.
나는 긴 여행을 할 때	풍경을 보는 것을 좋아한다.	여기저기 바쁘게 돌아다니고 싶다.	다른 사람과 이야기하는 것이 좋다.
나는 여가 시간에	밖에 나가서 노는 것을 좋아한다.	TV나 영화 보는 것을 좋아한다.	음악 듣는 것을 좋아한다.

※
A 청각 발달 유형
K 체각 발달 유형
V 시작 발달 유형

A	V	K
A	K	V
K	A	V
V	K	A
K	V	A

대부분의 사람들은 보통 오감이 골고루 발달해 있다. 그래서 어떤 항목마다 다른 선호체계를 선택할 수도 있다. 그중에서 가장 많이 나온 오감이 자신의 선호 표상체계라고 생각하면 된다. 그걸 알고 그 유형의 특징을 이용해서 언어를 습득하면 훨씬 효율적이다.

① 시각Visual 발달 유형

시각이 발달한 사람들은 주로 그림으로 사물을 기억한다. 머릿속에 영상과 이미지를 그려나가며 말하기 때문에 보통 말이 빠른 편이다. 눈으로 보이는 결과를 중요시 여기고, 정보를 인식하는 양이 많다. 대부분 이 유형인 사람들은 시각을 이용한 카드 게임을 잘한다. 그래서 단어나 표현을 눈으로 보고 외울 때 잘 암기한다.

이 유형의 사람들은 자신이 원하는 목표를 상상하라고 하면 자신이 원하는 목표를 이미지로 떠올린다. 보통 시각 상위 학생은 언어적 지시사항을 잘 못 알아듣는다. 그래서 글로 지시사항을 전달해야 하고 눈으로 볼 수 있는 교재가 있어야 마음이 편해진다. 시각이 발달한 사람은 '소리튜닝'을 할 때도 100번 듣고 따라 하라는 식으로 하면 안 된다. 소리의 차이를 못 느낀다. 이 유형이 '소리튜닝'을 할 때는 눈으로 보이게 교재에 물결 표시를 하거나 색깔을 칠하거나 하여 차이를 눈으로 느껴야 한다.

이런 유형에게 미드나 영화를 아무 생각 없이 100번 듣고 100번 따라 하라고 하면 별로 변화가 없거나 더디게 개선될 것이다.

시각이 특히 발달한 수강생 L씨가 있었다. L씨는 대본에 나와 있는 대사 리듬 처리를 제대로 하지 못했다.

"L씨, 여기 이 부분은 기능어 부분이에요. 여기는 다른 사람이 내가 하는 말을 딕테이션 못하게 처리하셔야 해요."

"네, 선생님! 그렇다는 건 알겠는데, 자꾸 대본을 보면 그 단어를 다 제대로 발음하고 싶어져요."

"L씨는 자꾸 눈으로 정보처리를 하려고 해서 그래요. 이제부터 이 부분을 들리는 대로 한국어로 써서 그걸로 연습하던지, 아니면 대본에 힘을 줄 부분과 안 줄 부분을 물결이나 색깔로 표시해서 연습하세요."

뒤에 좀 더 자세히 다루겠지만 영어 리듬을 살리기 위해서는 죽여야 하는 소리가 있다. 그런데 L씨는 대본을 보면 보이는 단어들을 다 똑같은 세기로 또박또박 발음하고 싶어 했다. 이런 경우 어디를 강하게 하고 어느 부분을 죽일지 눈으로 보이게 표시해줘야 한다.

② 청각Auditory 발달 유형

청각이 발달한 사람들은 정보를 인식할 때 주로 귀를 사용한다. 소리와 언어에 민감하게 반응한다. 음악 듣는 것을 좋아하고, 소음에 민감하다. 사람의 소리에 민감하기 때문에 보통 외국어에 재능이 있다. 또한 청각이 발달한 사람은 상대방의 소리를 듣고 바로 따라 하는 것을 좋아하고 잘 한다. 그래서 보통 아나운서, 음악가, 개그맨 같은 사람들이 청각이 발달되었고, 이들 중 외국어에 소질이 있는 사람도 많다. 그래서 보통 무용담 스타일의 영어 비법 책에 나오는 저자들은 청각이 발달했다.

지금 생각해보면 나는 소리에 굉장히 민감한 아이였던 것 같다. 나는 청각으로 정보를 취하는 유형이다. 내가 영어를 배웠던 방법 역시 처음에는 소리에 대한 원리나 규칙은 전혀 모른 채 그냥 듣고 따라 하는 방법이었다. 그래서 단어를 외울 때도 눈으로 보면 잘 안 외워진다. 그런데 사전에서 소리를 듣고 입으로 중얼거리면 바로 외워진다. 나는 지금도 옆에 사투리 쓰는 사람이 있으면 하루 종일 말도 안 되는 사투리를 쓴다. 이게 소리에 민감한 사람들의 특징이다.

이런 청각 유형들은 보통 토익 점수가 높지 않다. 왜냐하면 시각으로 하는 정보처리 능력이 부족하기 때문이다. 영어 공인 시험을 선택할 때도 자신이 우위에 있는 감각을 파악해서 하는 것이 좋다.

작년 여름 수강생 가운데 B씨는 유난히 청각이 발달했다. 처음 왔을 때 영어에 대한 자신감이 전혀 없었지만 소리튜닝을 하면서 빠르게 나아졌다. 뜻밖에도 문제는 소리가 아니라 대본 암기였다.

"선생님, 저는 머리가 정말 나쁜가 봐요. 대본이 안 외워져요."

"어떻게 암기하고 있죠?"

"영어 대본을 보고 암기하고 있어요. 근데 자꾸 머리에서 튕겨나가요."

"B씨는 대본 보고 외우면 안 돼요. 눈과 머리로 암기하지 말아요. 영어로 키워드 몇 개만 써놓고 소리에만 의존해서 듣고 따라 하면서 암기하세요. 하도 많이 따라 해서 입에 붙게 만들어야 해요."

B씨는 그 날 이후 교재를 던져버렸다. 그리고 음성파일만 들으며 똑같이 따라 하는 연습을 계속했다. 그리고 2주 만에 최고 점수인 AL이 나왔다. 토익으로 치면 970점 상당의 점수다.

③ 체각Kinesthetic 발달 유형

마지막으로 체각이 우위인 사람은 보통 정보를 몸으로 느끼고 자신의 체각 속에서 그 말을 일치시키기 때문에 말이 나오기까지 다소 느리다. 느낌을 중요시 여기고 스킨십을 좋아한다. 상대와 말을 할 때 가까이 다가와서 말하는 것을 좋아한다.

그래서 외국어를 할 때 그냥 똑바른 자세에서 하는 것보다 영어식 제스처를 한다거나 박수를 치면 좋다. 뒤에 더 자세히 언급하겠지만 영어 리듬을 파악하는 데 박수를 치면서 하면 좋다. 체각이 우위인 사람은 이 방법을 사용하면 훨씬 더 빠르게 언어를 기억한다. 보통 이 유형은 운동선수나 예술가가 많다.

수강생 D씨는 말할 때 온몸으로 말했다. 제스처가 많고 그에 비해 말소리가 매우 느렸다. D씨는 체각이 발달한 사람이었다. 나는 D씨에게 영어로 말할 때 온몸으로 영어 리듬을 느끼며, 제스처를 크게 하거나 박수를 치는 등 몸을 움직이게 했다. 한마디로 소울 충만한 느낌의 영어를 주문했다. D씨는 원래 영어에 자신감이 없었는데, 그렇게 훈련을 하면서 시간이 갈수록 즐거워 했다.

"영어가 이렇게 재미있는 것인지 몰랐어요!"

그 결과 영어 문장을 잘 못 외운다고 했던 D씨는 대사를 잘 외워서 오픽 고득점인 IH 점수를 2주 만에 획득했다. 만약 D씨가 대사를 눈으로 혹은 소리로 외웠다면 빠른 시간 안에 암기가 힘들었을 것이다.

이렇게 모든 사람들은 오감 중 발달된 감각이 다르다. 그런데 '내가 이렇게 영어를 극복했으니 당신도 나와 같은 방법으로 하면 된다.'는 식은 위험한 발상이다. 그래서 언어를 따로 공부해보지 않은 일반인의 무용담은 누군가에게 유용할 수 있지만 다른 누군가에게는 안 맞을 수 있다.

그래도 NLP에서 설명하는 선호 표상 체계는 절대로 바뀔 수 없는 것은 아니다. 훈련을 하면 시각 우위였던 학생이 청각 우위가 될 수도 있다. 제일 좋은 상태는 모두 고루 발달되는 것이다. 자신이 부족하다고 생각하는 표상체계를 인지하고 이를 훈련으로 키우면 우리의 가능성은 더 넓어진다. 나는 수강생이 많은 수업에서는 모든 오감을 활용하여 훈련시킨다. 그중에 자신에게 더 맞는 표상체계가 있을 수 있기 때문이다.

이제 더 이상 다른 오감이 발달된 사람의 영어 공부법을 아무 생각 없이 따라 하지 말자. 적어도 자신이 어떤 유형인지 먼저 파악하고, 그 무용담의 주인공과 같은 유형일 때 따라 해보는 것이 좋다. 외국어는 자신의 발달된 오감체계를 알고 접근하면 더 쉽고 즐겁게 할 수 있다.

15

한국어와 영어 소리는 근본부터 다르다

I am open to new beginnings.
나는 새로운 시작에 열려있다.

호흡부터 주파수까지 닮은 점이 없다

영어를 모국어로 쓰는 미국인이 가장 배우기 어려운 언어는 뭘까? 미국 국무부 산하 외교관 언어 연수 전문 기관인 외교연구원FSI은 이에 대한 보고서를 발표했다. 세계 주요 언어 70개를 4개 등급으로 나눴는데, 한국어는 가장 어려운 언어Super-hard languages로 분류됐다. 한국어와 같은 등급으로 분류된 언어는 일본어 등이 있다. 이 보고서에 따르면 영어가 모국어인 사람이 한국어를 배우려면 2,200시간이 필요하다.

이렇게 영어와 한국어의 거리는 멀다. 그래서 우리가 영어를 유창하게 하기 위해서는 반드시 영어와 한국어의 소리 차이를 이해해야 한다. 영어와 한국어는 소리를 내는 방식이 전혀 다르다. 발성, 호흡, 리듬, 혀와 입술의 움직임까지 다르다. 심지어 주파수도 다르다.

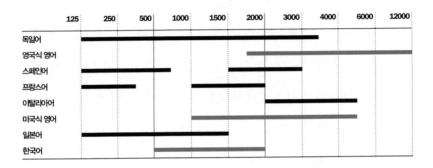

EBS에서 방영되었던 〈한국인과 영어 - 제4부 언어의 벽을 넘어라〉에 나온 내용에 따르면, 한국어와 일본어는 거의 비슷한 주파수 영역을 가지고 있는데, 그 영역대가 보통 120Hz에서 1,500Hz에서 형성되어 있다고 한다. 그래서 일본어는 의미를 몰라도 모든 소리가 다 들린다. 그런데 통상적으로 영어는 1,500~5,000Hz 음역대에서 대화가 이루어진다고 한다.

하지만 영어와 한국어의 주파수는 너무 다르다. 영어의 주파수가 훨씬 고주파다. 영어의 소리가 고주파인 이유는 'p, t, k, f' 같은 무성음과 's'

같은 새는 소리 때문이다. 이런 소리가 한국어에는 없다. 그래서 우리가 지닌 주파수의 영역대를 벗어나면 그 소리는 보통 웅얼웅얼대거나 뭉개진 소리로 들린다고 한다.

한국인의 뇌에게 영어 소리는 소음에 불과하다

이 두 언어는 이렇게 너무 다르다. 이러니 우리가 영어를 배우는 것이 힘들 수밖에 없다. 우리가 잘 듣지 못하고 그들과 비슷하게 말하지 못하는 이유는 영어의 소리를 모르기 때문이다. 단어와 표현을 미국인 어린이보다 많이 알아도 그들만큼 잘 듣지도 말하지도 못한다. 백날 듣고 따라 해봤자 안 들리는 건 죽어도 안 들린다.

이와 관련하여 2011년에 KBS에서 〈당신이 영어를 못하는 진짜 이유〉라는 주제로 다큐멘터리를 방영했다. 미국 럿거스대학 폴라 털럴 교수가 말한다.

"우리는 모국어를 잘 받아들이기 위해 뇌가 의도적으로 차단한 소리외국어를 들을 수 있게 해야 합니다. 우리가 의식적으로 '나는 영어 소리를 듣지 말아야지.'라고 하는 것이 아니라 뇌가 그 소리를 인식하지 못하게 합니다. 뇌가 새로운 언어를 처음 배울 때 그 언어의 기본적인 정확한 소릿값을 듣는 것이 중요합니다. 특히, 그 소리가 모국어에 없어서 뇌가 인

식할 수 없는 경우는 더 그렇습니다. 뇌가 영어의 음소를 잘 인식할 수
있게 해야 합니다."

그 방송에서는 우리가 영어를 못하는 이유를 뇌 과학적으로 접근했다.
그 방송에 따르면 우리가 말을 무의식적으로 할 수 있게 되기까지 뇌의
네 가지 영역을 통과한다고 한다. 인간이 처음 들은 소리는 첫째 관문인
'청각피질'을 통과하고 청각피질을 통과한 소리는 두 번째 관문인 '베르니
케'로 전달되는데 이 베르니케에서는 소리의 정보를 분석하여 이해하는
기능을 담당한다. 이해된 소리는 세 번째 관문인 '브로카' 영역으로 옮겨
진다. 브로카 영역에서는 이해된 소리를 말로 표현해보는 역할을 담당하
고 마지막으로 이 표현이 습관화되면 '운동피질'에 저장된다.

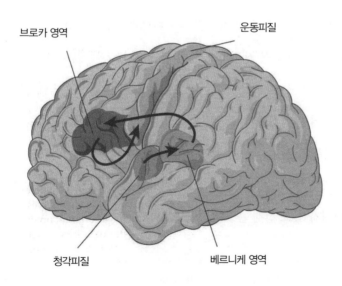

브로카 영역 운동피질

청각피질 베르니케 영역

이것이 우리가 언어를 배우는 단계다. 즉, 외국어를 배울 때 언어가 각각의 관문을 잘 통과하도록 도와주면 조금 더 빠르고 쉽게 배울 수 있다. 한국어의 소리는 일본어나 스페인어와 닮은 점이 있다. 그래서 한국인은 영어보다 스페인어를 더 쉽게 배운다.

일본어는 독학만으로 고수가 되는 경우도 있다. 이는 첫째 관문인 청각피질과 관련이 있다. 청각피질은 우리 뇌에 저장되지 않은 소리를 소음이라고 생각한다. 그래서 다음 단계인 베르니케로 보내지 않고 그대로 걸러낸다. 즉 우리 뇌가 영어 소리를 소음으로 인식하고 바로 탈락시켜 버린다. 그러니까 잘 안 들릴 수밖에 없다.

아기가 처음 배우듯 음소단위부터 차근차근 접근하라

미국인 아기 톰을 생각해보자. 톰이 엄마 뱃속에 있을 때 했던 훈련이 모국어 소리를 뇌에 체화하는 것이었다. 태아는 엄마 뱃속에 있을 때 세상을 소리로만 접한다. 그 소리의 의미가 무엇인지 전혀 모르지만 모국어의 기본 소리, 즉 음소단위가 뇌에 장착되는 것이다.

음소단위란 말소리의 가장 작은 단위를 말한다. 영어의 음소단위는 전체 44개가 있고 전체 음소는 자음과 모음으로 나뉜다.

우리가 영어를 배울 때 가장 먼저 해야 할 일은 뱃속의 태아가 했던 소리 저장이다. 영어의 음소를 우리의 뇌에 저장시키기 위해서 반복적으로 44개의 음소를 듣고 따라 해야 한다. 한국어와는 다른 발성과 호흡 그리고 조음기관의 움직임을 근육으로 익혀야 한다. 마치 아기가 엄마의 모국어를 보고 따라 하듯이 나는 그 나라 사람들을 보고 따라 하는 것이다.

처음에는 조금 과장된다는 느낌으로 음소단위를 연습한다. 그래서 계속 뇌에 이 음소단위를 저장하게끔 센 자극을 주는 것이다. 훈련을 통해서 충분히 익힐 수 있다.

아마 지금쯤 '아, 영어 그렇잖아도 힘든데, 저것까지 해야 돼?'라고 푸념하시는 독자분들도 있을 것이다. 하지만 단언컨대 집중적인 소리 훈련 없이는 영어를 비약적으로 발전시키기 힘들 것이다.

무엇보다 소리 훈련을 하다 보면 이제껏 따로따로 공부했던 듣기, 말하기, 단어, 문법이 저절로 해결된다. 예전처럼 따로따로 공부할 필요가 없다. 언어는 종합 예술이다. 이것 찔끔, 저것 찔끔 배우면 유기적으로 서로 연결이 되지 않는다.

영어와 한국어의 소리는 여러 면에서 너무 다르다. 그래서 반드시 따로 소리 훈련을 해야 한다. 다행히 영어의 소리를 체득하는 데는 그렇게 많은 시간이 걸리지 않는다. 단지 다르다는 것을 인지하고 다른 소리의 갭을 채워나가면 되는 것이다. 우리는 그동안 영어를 습득하기 위해 너무 먼 길을 돌아왔다. 이제 잃어버렸던 한 조각 퍼즐인 '영어 소리 최소 단위 훈련'을 하면 되는 것이다.

영어 정복, 이제는 문제 없다.

16

영어를 쪼개는 음소단위 소리 훈련

My challenges bring me better opportunities.
나의 도전은 나에게 더 좋은 기회를 가져다준다.

먼저 음소를 정복하라

Danger

원래 발음은 '데인저'다. 하지만 이를 '단거'라고 외워 시험을 보는 사람이 많다. '단거'가 글자와 더 일치하는 것처럼 느껴지기 때문이다. 이러한 문제는 영어의 글자와 소리가 일치하지 않기 때문에 생긴다. 한국어의 경우 글자와 소리가 거의 일치한다. 몇 가지 규칙만 알면 받아쓰기가 쉽다. 하지만 영어는 글자와 소리가 달라서 단어 스펠링을 외우는 것도 어렵고 발음을 모르는 단어를 읽는 것도 힘들다. 모국어로 쓰는 사람들조차 그렇다. 그래서 전화로 주소나 이름을 말할 때, 꼭 "How do you spell it?"하고 정확한 철자를 물어본다. 하나의 글자가 여러 소리를 가질 수 있다. 여기 좋은 예시가 있다.

Chef = /ʃef/

chord = /kɔːrd/

cheese = /tʃiːz/

'ch'라는 글자에 /ʃ/와 /k/그리고 /tʃ/ 소리가 다 가능한 것이다. 그러니 글자를 보고도 뭐라고 읽어야 하는지 모른다. 뭐 어쩌겠는가? 각 글자에 가능한 소리를 익힐 수밖에 없는 것이다.

그래서 미국에는 아이들이 글을 쉽게 읽을 수 있는 프로그램들이 많이 개발됐다. 그중에 요즘 유행하는 것이 음소단위 교육이다. 음소단위 44개를 익히면 어린아이들도 단어를 읽을 수 있다. 필자의 딸은 5살인데 음소단위 44개를 하나씩 알려줬더니 영어 단어를 술술 읽는다. 음소단위 교육은 영어의 듣기, 말하기, 읽기, 쓰기 전 영역에 도움이 된다.

음소Phoneme란 최소 소리 단위다. 우리가 흔히 배우는 알파벳은 글자 writing의 기본 단위다. 그러나 미국인들의 음소단위 교육은 읽기와 쓰기를 돕기 위해서지 말하기와는 전혀 관련이 없다. 미국 어린이들의 기본적인 음소 소리 훈련은 뱃속에서 이뤄지기 때문이다.

그래서 영어를 원어민처럼 하고자 하는 한국인에게 음소단위 교육은 반드시 필요하다. 특히 영어 소리와 너무 다른 모국어를 가졌기 때문에 필수 코스다. 이것이 영어의 첫 번째 단추고, 이 단추가 제대로 끼워지면 영어는 쉽다.

미국 샌프란시스코의 스톤허스톤 초등학교에서 음소 훈련 교육을 진행했다. 이 곳 학교 학생의 대다수는 아프리카나, 중남미 이민자들이다. 그렇다보니 학교에 영어가 힘든 학생들이 많다. 영어가 힘든 아이들은 방과 후 수업에서 음소단위를 훈련하는 컴퓨터 게임을 한다. 모국어에 없는 영어의 음소단위를 계속 반복적으로 듣게 하는 것이다. 그 프로그램으로 훈련을 한 뒤 이 학교에 낙제생이 급격하게 감소했다고 한다.

영어의 소리에는 한국어에는 없는 소리가 많다. 그래서 한국어에 없는 소리를 계속 반복적으로 정확한 발성과 호흡으로 연습해야 한다. 그러면 점점 그 소리가 탈락되지 않고 우리 뇌로 전달되는 것이다. 영어 음소단위 훈련을 하면 듣고 말하기의 근본적인 문제들은 저절로 해결된다.
그럼에도 불구하고 우리나라는 여전히 영어 소리에 대한 교육을 간과

하고 있다. 그러니 10년이고 20년 동안 영어 공부를 해도 듣고 말하기가 힘든 것이다. 그러나 걱정하지 말라. 이제라도 음소단위 소리 훈련을 하면 된다.

'어렸을 때 소리 훈련을 해서 잘하시는 것 아닌가요?'

하지만 13살이 새 언어를 배우는 데 무슨 상관인가? 외국어를 공부하는 데 있어 시기가 중요하지 않다. 앞에서 말했듯, 내 첫 영어 소리튜닝은 초등학생에서 중학생으로 넘어갈 때 일어났다. 이미 모국어가 완성된 단계에서는 13살이든 50살이든 외국어를 배우는 데 별로 차이가 없다. 나의 경우, 러시아어는 22살에 생전 처음 소리를 접했고 본격적으로 소리튜닝 훈련을 했던 건 24살 때였다.

어렸을 때 한다고 꼭 효과적인 것도 아니다. 단언컨대 음소단위 훈련을 한 뒤에 영화나 미드를 보면 모든 소리가 귀에 다 꽂힐 것이다.

그렇다면 영어의 음소란 도대체 무엇인가? 영어의 음소에는 모음 20개, 자음에는 24개가 있다. 전체 44개의 음소가 영어의 소리를 만든다.

s	t	p	n	m	a	e	i	o
sat	tap	pan	nose	mat	ant	egg	ink	otter
g	d	c k	r	h	u	ai	ee	igh
goat	dog	click	run	hat	up	rain	knee	light
b	f	l	j	v	oa	oo	oo	ar
bus	farm	lolly	jam	van	boat	cook	boot	star
w	x	y	z	qu	or	ur	ow	oi
wish	axe	yell	zap	quill	fork	burn	now	boil
ch	sh	th	th	ng	ear	air	ure	er
chin	ship	think	the	sing	near	stair	sure	writer

자, 그럼 영어의 음소단위는 어떻게 훈련하는가? 영어의 음소단위는 쉽게 발음기호라고 생각하면 된다. 발음기호에 표기된 소리 단위를 하나하나 훈련하는 것이다. 음소단위를 훈련할 때는 발성, 호흡, 입 모양 등을 정확하게, 또 조금은 과장해서 소리를 낸다. 그래야 뇌에 훨씬 강하게 저장시킬 수 있기 때문이다. 44개의 기본 소릿값을 우리의 운동피질에 저장시켜서 뇌가 이 소리를 걸러내지 않게 해야 한다.

dog

d/o/g

이런 경우 글자 알파벳도 3개, 음소단위도 3개인 셈이다. 그러니 어려울 것이 없다.

king

k/i/ng

하지만 'king'의 경우 글자 알파벳은 4개이고, 음소단위는 3개이다. 이런 하나하나의 소릿값을 갖고 반복적으로 근육 훈련을 해야 한다. 우리는 한글 자모 24개와 26개 알파벳도 익혔다. 44개 음소단위도 쉽게 익힐 수 있다. 이것만 뇌에 저장시키면 모든 영어 소리가 필터링되지 않고 들린다는데 신나지 않은가?

음소단위 훈련을 할 때 가장 중요한 것은 반드시 정확한 발성, 호흡, 조음기관을 이용해야 하는 것이다. 44개의 정확한 음소단위 소리 내는 방법은 유튜브에 'phoneme training'이란 키워드로 치는 순간 수없이 쏟아진다. 그런 것들로 보고 따라 연습을 해도 좋고, 필자가 운영하는 "미라클 영어 스쿨" 카페에서도 확인해 볼 수 있다.

어떤 영어 책은 영화의 한 대사를 100번이고 1,000번이고 듣고 따라해서 귀를 뚫으라고 한다. 하지만 더 쉬운 길이 있다. 정확한 발성과 호흡으로 음소단위 훈련을 하면 소리가 그냥 다 들린다. 간혹 모르는 단어가 나와도 소리를 인지할 수 있기 때문에 비슷한 스펠링으로 사전을 찾아보면 된다. 그러니 44개의 음소단위 훈련을 한 후 영화나 미드로 공부를 하면 훨씬 더 빠르게 끝낼 수 있다.

외국어 학습에 있어서 곰처럼 무식하게 공부하는 것도 당연히 필요하다. 그런데 여우가 더 빨리 잘하는 법을 알고 있다면 여우한테 좀 배우고 연습하는 것도 좋지 않겠는가?

인생을 사는 데 있어서 돈보다 중요한 것이 시간이다. 지름길이 있다면 지름길로 가는 것이 낫다.

17

길거리에서 영어가 유난히 크게 들리는 이유는?

I am making the right choices every time.
나는 매번 제대로 된 결정을 한다.

영어식 발성과 호흡으로 기본 근육 쌓기

당신은 지금 지하철에 있다. 많은 사람들이 각자 일행과 이야기를 하고 있다. 와글와글 떠드는 아이들, 전화 통화하는 사람, 혼자 중얼중얼 공부하는 학생까지 지하철은 제법 소란스럽다. 그런데 그때 어떤 소리가 귀에 확 꽂힌다.

'어, 영어?'

이런 경험이 있을 것이다. 사람이 많은 명동, 이태원, 홍대 등에서 아무리 주변이 시끄러워도 한국어를 뚫고 영어가 들린다. 비록 무슨 소리인지는 모르지만 말이다. 낯선 언어라서 그렇다고 생각했겠지만 정확히 말하면 발성 때문이다.

마치 악기마다 소리가 다른 것과 흡사하다. 첼로, 바이올린과 플루트는 같은 음, 리듬, 멜로디를 낼 수 있다. 하지만 그들의 소리가 같은가? 다르다. 소리가 나오는 부분이 다르기 때문이다. 언어도 마찬가지다. 이것을 흔히 언어의 발성이 다르다고 말한다. 영어는 배통을 사용하는 발성이기 때문에 훨씬 소리가 더 웅장하고 동굴에서 나는 울림소리가 난다. 한마디로 귀에 딱 꽂히는 소리이다.

일본어, 한국어, 영어의 발성 차이를 몸으로 확인해보자
아마 이 이야기가 전혀 와 닿지 않을 것이다. 가슴 중앙과 명치 아래쪽 배에 각각 손을 대보자. 그리고 소리를 낸다.
"하이."
이때 세 가지 버전으로 소리를 내보면 소리의 차이가 확실히 느껴진다.

먼저 일본어다. 최대한 원어민을 흉내 내 짧게 끊어,

'하이はい.'

두 번째는 한국어다. 평소에 말하듯,

'하이.'

어떤가? 일본어를 말할 때는 가슴도 배도 떨리지 않는다. 소리가 목에서 나온다. 한국어를 말할 때는 가슴이 울린다.

세 번째는 영어다. 영어를 말할 때는 가슴도 울리고 배도 울리는 것을 느낄 수 있다. 배가 긴장하면서 움직인다. 요란스럽게 배가 움직이지는 않는다. 할아버지가 잔기침하는 느낌이라고 생각하면 쉽다. 먼지가 많은 곳에서 짧고 강하게 '후' 하는 것과도 비슷하다. 영어는 그 정도의 힘이 배에 들어가야 한다. 그럼 이제 잔기침을 한 번 해보자. 그리고 이 느낌을 되새기면서 말해보자.

'하이Hi.'

강한 숨이 빠져나가면서 배가 살짝 움직이며 소리를 내는 느낌이다. 소리의 차이가 느껴지는가? 영어는 흉식을 기반으로 몸통 전체를 이용해서 소리를 낸다. 한국어의 발성은 흉식을 기반으로 소리가 대부분 위로 빠진다. 그에 비해 일본어의 경우 소리가 목 주변에서 위로 다 빠져버린다.

발성 훈련, 안해도 되지만 하면 더없이 좋다

발성과 호흡에 집중해 '하이' 두 글자 말하는 것도 힘든데, 여러 가지 영어 문장들을 자유자재로 유창하게 말할 수 있을까?

다행히 소리는 훈련을 통해서 충분히 들리게 만들 수 있다.

1법칙, 귀로 들을 수 없는 음은 발음할 수 없다.

2법칙, 청각 개선에 따라 발성에도 변화가 나타난다.

3법칙, 청각 개선 후, 발성 개선도 정착시킬 수 있다.

— 토마티스 박사Dr. Alfred Tomatis, 1920~2001의 3법칙

"영어를 할 때 꼭 뱃소리를 내야 하나요? 이 뱃소리를 내지 않으면 원어민이 못 알아듣나요?"

이 질문에 대한 내 대답은 이렇다.

"꼭 그렇지는 않습니다."

뱃소리를 내지 않고 영어의 리듬과 강세만 잘 지켜줘도 그들이 우리의 영어를 알아듣는 데 무리는 없다. 단지 이 뱃소리를 익히면 그들과 같은 유창한 소리가 나고 말을 길게 하는 데 있어서도 훨씬 편하다. 마치 리듬과 강세가 된장만 넣고 끓인 된장찌개라면, 발성은 감칠맛 나는 다시다를 적절히 넣은 느낌이다. 풍미가 살아난다.

영어식 복식 호흡이 안 되면 발성도 안된다

자, 이제 영어식 호흡이다. 영어식 발성과 호흡은 사실 유기적으로 연결되어 있다. 제대로 된 호흡법 없이는 영어식 발성이 힘들다. 호흡이란 들숨과 날숨을 통해 우리에게 에너지를 주는 작용이다. 우리나라 사람의 호흡법과 영어식 호흡법은 다르다. 영어식 호흡의 기본은 복식 호흡이다. 특히 한국어 소리를 낼 때 목을 많이 쓰는 사람들은 복식 호흡을 많이 연습해서 소리를 점점 아래로 내려야 한다.

내가 수업시간에 복식 호흡을 훈련하는 법을 살짝 공개하겠다.

1. 우선 남아 있는 숨을 모조리 뺀다.
2. 그런 후 코로 공기를 마셔서 배와 횡경막이 팽창하는 것을 느낀다. 이때, 어깨는 올라가지 않는다.
3. 숨이 끝까지 찼다는 생각이 들면 입으로 '아 이 아 이 아 이'를 반복하면서 뱃속에 있는 숨을 서서히 뺀다는 느낌으로 소리를 낸다.

'아'와 '이'는 영어 모음의 대표 소리이다. 영어의 모음은 소리를 낼 때 그 어떤 저항을 받지 않고 나오는 소리다. 그래서 뱃소리 훈련을 할 때 특히 좋다. 이 훈련을 계속하면 배가 긴장된 상태로 소리를 내는 느낌을 깨닫게 된다.

영어식 호흡은 말을 길게 할 때 특히 빛을 발한다. 아마 긴 문장을 읽을 때 입이 꼬이고 자꾸 끊어지는 느낌을 받은 적이 있을 것이다. 이것은 들숨과 날숨을 제대로 이용해주지 못해서 그런 것이다. 우리는 한국말을 할 때 아무리 길게 말해도 호흡이 끊어지지 않는다. 보통 숨이 부족할 때까지 계속 연결해서 말한다. 영어도 말을 할 때 들숨과 날숨의 작용을 이용해주면 끊어지지 않고 계속 말할 수 있게 된다. 마치 피스톤이 움직이는 것과 같다. 끊어지지 않고 계속 숨이 왔다 갔다 하면서 말하면 아무리 긴 문장도 술술 말할 수 있게 된다.

영어식 발성과 호흡법은 영어를 잘 듣고 말하는 데 필수적이다. 정확한 영어식 발성과 호흡법을 통해서 앞서 강조한 음소단위 훈련을 해주면 모든 영어 소리가 귀에 꽂히게 된다. 그리고 말하기에 있어서도 이를 훈련하면 유창하고 세련되게 영어를 구사할 수 있게 된다. 영어식 발성과 호흡법 훈련은 선택이 아니라 필수다.

18

입 근육을 '영어 형'으로 개편하라

I am doing my best and that is always enough.
나는 최선을 다하고 있고 그것은 항상 충분하다.

영어 원어민과 한국인은 생긴 것부터 다르다

혹시 외국에 사는 교포를 본 적이 있는가? 분명 한국인인데 생김새가
본토에 사는 한국인과 다르게 생겼다. 유전적으로는 같은 한국인인데 말
이다. 흔히 말하듯 '물이 달라서' 그런 것일까? 사실 이것의 원인은 유전
적인 요소보다는 언어와 관련이 깊다.

한국어는 말을 할 때 크게 힘을 줄 필요도 없고 입을 많이 벌릴 필요도
없다. 오물오물 또는 조근조근 말하는 느낌이다. 영어는 다르다. 앞에서

의 훈련을 따라 해봤다면 알 것이다. 입을 조금만 벌려서 내는 소리가 없다. 영어 원어민은 그렇게 입을 쫙쫙 벌리는 언어를 쓰니 입 주변 근육이 발달한다. 할리우드 배우들과 우리나라 배우들만 비교해봐도 딱 알 수 있다. 섹시 여배우로 유명한 '안젤리나 졸리'나 영화 〈악마는 프라다를 입는다〉 잘 알려진 '앤 해서웨이'는 말할 때 입밖에 안 보인다. 보통 영어를 많이 쓰는 사람들은 입이 크고 하관이 발달해 있다.

소리튜닝할 때는 입 모양까지 따라 하라

그래서 소리튜닝을 할 때는 입 모양까지 따라 해야 한다. 마치 아기가 엄마 입 모양을 보고 모국어를 익히듯이 그 나라 사람의 입 모양을 복사한다. 그러면 조금 더 그들과 비슷한 소리가 나온다. 그래서 한 언어를 쓰다가 다른 언어로 바꾸려면 채널을 바꿔야 한다. 한 사람이 3개의 언어를 한다는 느낌이 아니라 내 안에 세 사람이 있는 느낌이다.

한국어를 말할 때조차 입을 거의 안 벌리던 Y씨가 있었다. 한국인이라고 해서 한국어를 할 때 입을 벌리는 정도가 다 같은 것은 아니다. 한국어로 말할 때도 입을 시원하게 크게크게 벌리고 말하는 사람도 있고, 복화술을 하는지 의심스러울 정도로 입을 안 벌리는 사람도 있다.

이런 수강생 분들을 소리튜닝할 때는 매우 힘들다. 입을 최대한 벌리라고 시키면 정말 입 주변에 경련이 일어나는 것처럼 부들부들 떤다. 그동안 입을 너무 안 써서 입 근육이 굳은 상태인 것이다. 보통 이렇게 말하는 사람들은 소리도 크지 않다.

내가 Y씨에게만 따로 내준 과제가 있었다. 아침에 일어나서 거울보고 '아 에 이 오 우'를 할 수 있는 한 최대로 입을 벌려서 소리를 내는 것이었다. 일단 굳어 있는 입 주변 근육부터 푸는 것이 급선무였다. Y씨는 입이 찢어지는 것 같다고 했다. 그래도 이 훈련 덕분에 Y씨는 속도가 더뎌도 입 주변 떨림 현상을 없애고 편하게 말할 수 있었다.

입을 크게 정확하게 벌려 소리내라

영어는 근육 운동이다. 안 썼던 근육을 계속 반복적으로 훈련해줘서 편하게 만들면 되는 것이다. 그렇다면 영어 소리의 입 모양은 어떻게 하는 것인가? 이제부터 영어 소리 특유의 입 모양 내는 비법을 공개한다.

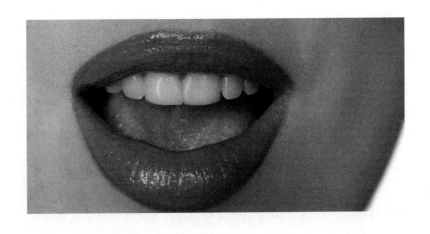

1. 일단 윗니보다 아랫니 부분을 더 앞으로 위치시킨다.

   (약간 주걱턱의 느낌이다.)

2. 입은 양옆으로 누가 잡아당긴다는 느낌으로 벌려준다.

   (어색한 미소를 짓는 느낌으로.)

3. 입은 다물지 않고 계속 벌리면서 말한다.

   (이렇게 하면 소리가 다 새는 느낌이다.)

자, 이 상태에서 입천장에 혀의 앞부분을 절대 닿게 하지 않겠다고 생각하고 한국어로 말한다.

'안녕하세요.'

소리가 어떠한가?

마치 교포가 어색하게 한국어 하는 느낌이 나지 않는가? 교포들이 그렇게 한국어를 하고 싶어서 그렇게 하는 것이 아니다. 영어로 입 구조가 세팅되어 있는 상태에서 한국어를 하니 저렇게 어색한 소리가 나는 것이다. 그 말은 거꾸로 생각하면 우리가 한국어의 입 구조로 영어를 말하면 그들에게 어색한 소리로 들리는 것이다.

언어를 구사하는 데 있어서 입의 구조는 매우 중요하다. 도서관 같이 소리를 내면 안 되는 곳에서 친구와 이야기를 한다고 가정해보자. 입 모양만으로도 어느 정도 의사소통이 가능하다. 그래서 나는 수강생들과 영어의 정확한 입 모양을 세팅하도록 소리 없이 상대의 입 모양만으로 단어 맞추기 게임을 한다. 상대방이 단어를 맞추게 하려면 입을 과장해서 크고 정확하게 발음할 수밖에 없다.

입 안의 공간을 최대한 사용해 공명 소리를 써라

지금부터는 영어 소리를 낼 때 입 안쪽의 구조를 살펴보겠다. 영어는 울리는 공명소리이다. 왜냐하면 소리통이 큰 뱃소리를 내기 때문이다. 즉, 동굴이 크면 공명소리는 더 잘난다. 그 공명소리를 더 극대화시키기 위해 우리 입 안의 동굴도 크게 만들 수 있다. 어떻게 하면 입안의 동굴이 더 커질까? 안쪽 혀를 눌러보자. 그러면 입 안의 공간이 더 많아진다. 안쪽 혀를 누르는 것이 어떤 느낌인지 모르겠다면 다른 방식으로 설명해보겠다.

혹시 일본 공포영화 〈링〉을 본 적이 있는가? 보지 않았더라도 누구나 아는 소리가 있다. TV에서 귀신이 등장할 때면 나오는 소리가 있다.

'아⋯⋯⋯⋯.'

유튜브에서 꼭 찾아보길 바란다. 그 소리를 내기 위해서는 안쪽 혀를 누를 수밖에 없다. 이 '링' 소리를 내는 느낌으로 영화나 미드에서 원어민이 아침에 일어나서 힘없이 'yeah' 하는 소리를 내보자. 이 소리에 뒤에서 배울 뱃소리 발성이 들어가면 최고의 공명소리가 나온다.

정확한 영어 소리를 내는 데 있어서 입 모양, 입 주변 근육, 구강 구조는 너무나 중요하다. '뭐 그런 것까지 튜닝해야 하나' 하는 생각이 들 수도 있다. 그렇다면 입 모양 튜닝은 하지 않아도 좋다. 〈비정상회담〉의 '타일러'가 한국어를 하는 것처럼 할 것인지 누가 들어도 외국인이라는 느낌으로 영어를 할지는 당신의 선택이다.

19

리듬 없이 말하면 영어가 아니다

I am smart enough to make my own decisions.
나는 스스로 결정을 내릴 수 있을 정도로 똑똑하다.

강세와 효율을 기억하며 리듬을 타라!

"Can I get some candles?"

양초를 좀 살 수 있을까요?

"I'm sorry sir, pardon me?"

손님, 죄송한데요, 뭐라고 하셨죠?

"Candles!"

양초요!

"Sorry?"

네?

내가 미국에 있을 때, 마침 생일날 친구들이 레스토랑에서 파티를 해
줬다. 그런데 한 친구가 점원에게 초를 사려다가 나눈 대화 한 토막이다.
결국 그 친구는 포기하고 종이에 'candles' 철자를 써서 보여주고서야 양
초를 살 수 있었다. 친구는 미국에서 5년 동안 유학중이었다. 그럼에도
불구하고 그는 레스토랑에서 양초 하나 순조롭게 사기 힘들었다.

문제가 무엇이었을까? 왜 점원은 그 친구의 말을 못 알아들었을까?

혹시 당신도 이런 경험이 있는가? 아마 다들 한번쯤은 있을 것이다. 이
런 상황이 생기면 보통 본인의 소리가 작아서 못 알아듣나 싶어서 더 크
게 말해본다. 그래도 돌아오는 말은 한결같다.

"Can I get some candles?"

양초 좀 살 수 있을까요?

"What?

뭐라구요?

이번엔 발음이 문제인가 싶어서 최대한 굴려서 느끼하게 발음해본다. 안타깝게도 그래도 못 알아듣는다. 도대체 뭐가 문제인가? 대부분 원어민이 우리가 하는 말을 못 알아듣는 것은 발음 때문이 아니라 영어의 리듬 때문이다. 한국어와 일본어는 기본적으로 모노톤이다. 그래서 말을 할 때 리듬을 탄다는 것 자체가 이해할 수 없는 일이다.

"영어를 가장 단시간에 잘하는 척하게 만드는 방법이 무언가요?"

수강생들이 가끔 이런 질문을 한다. 나의 답은 언제나 똑같다. '리듬'이다. 영어의 리듬 훈련은 가장 단시간에 영어 소리를 개선시키는 방법이다. 영어의 리듬을 훈련하지 않으면 원어민은 계속 내가 하는 말을 못 알아듣고 나의 영어는 계속 입에서 꼬일 것이다. 유창함을 중요시 여기는 오픽 시험에서 고득점을 받고 싶다면 이번 장에 특히 집중하길 바란다. 내가 단시간에 많은 영포자들에게 오픽 고득점을 선물해준 비결이기도 한다. 하지만 이론은 허무할 정도로 너무 간단하다.

영어에서 리듬이 나오는 이유는 영어의 두 가지 특징 때문이다. 영어는 '강세 언어'이고 '효율 언어'이다. 우리가 보통 원어민에게 단어를 말했는데 못 알아들었다면 이는 강세 문제이다. 그런데 만약 문장을 말했는데 못 알아듣는다면 이것은 '효율 영어'를 못 살려서 그런 것이다.

강세 영어 – 길고 짧게, 세고 약하게

한국어와는 달리 영어의 단어에는 강세가 있다. 영어의 강세는 'a, e, i, o, u'인 모음에 들어간다. 단어를 사전에서 찾아보면 보통 발음기호에 ' 표시가 있다. 예를 들어, 내 친구가 포기했던 단어인 'candle'의 경우, 사전을 찾아보면,[kǽndl]이렇게 표시가 되어 있다. 즉, 강세가 'can'에 들어간다는 말이다. 그래서 앞으로는 새로운 영어 단어를 보면 꼭 강세부분을 확인해봐야 한다.

영어에서 강세가 들어가는 부분은 반드시 길고, 세고, 정확하게 발음해줘야 한다. 그에 비해, 강세가 들어가지 않는 부분은 최대한 힘을 빼고 들릴 듯 말 듯 발음해줘야 한다. 입도 거의 벌리지 않고 복화술 하듯 최대한 멍한 표정으로 '어' 하는 소리다. 이런 발음을 '슈와schwa' 발음이라고 한다. 소리튜닝을 할 때 학생들이 가장 실수하는 부분이 강세 부분과 슈와 부분의 소리의 길이를 똑같이 하는 것이다. 한국어는 한 단어에 있는 모음의 길이가 다 같다. 하지만 영어는 강세부분을 훨씬 더 길게 발음해줘야 한다. 그래서 소리에 리듬이 생기는 것이다.

여러 음절 단어로 예를 들어보겠다. 강세가 들어가는 부분은 쉽게 알아볼 수 있게 더 크고 진하게 표시하였다. 단어의 느낌이 강세가 없는 부분이 강세가 있는 부분에 기생하고 있다는 느낌이 들지 않는가? 소리를 낼 때 그런 기분으로 내줘야 한다. 다 같이 주인공으로 대접하면 안 된다. 강세를 연습할 때 앞서 배웠던 영어식 발성과 호흡법을 같이 적용해서 연습해야 한다.

1. 1음절 단어 : hOt, cAt gEt
2. 2음절 단어 : enjoy, employ
3. 3음절 단어 : baNAna, beauTiful

1음절이라고 해서 강세를 안 넣는 것이 아니다. 앞서 배웠던 발성과 함께 소리 내보자. 기침 한 번 하고 기침하는 느낌 그대로, hot, cat, get을 강하게 소리내보자. 배가 움찔한다면 잘하고 있는 것이다.

2음절 이상부터는 강세와 슈와의 길이 조절을 해줘야 한다. 호흡과 함께 배워보자. 'enjoy' 경우 강세가 있는 'joy'는 기침을 하듯 강하게 소리를 길게 던진다. 슈와 부분인 'en'은 'joy'에 소리를 내뱉기 전 준비단계이다. 들숨으로 힘없이 'en'소리를 내주고 날숨으로 강하게 'joy'를 강하고 길고 정확하게 터트려준다. 힘을 조절해줘야 정확한 리듬이 생긴다.

3음절에 있는 'banana'는 어떻게 소리가 나냐고 물으면 다들 자신 있게 '버네너'라고 답한다. 왜 '버네너'이겠는가? 'na'가 강세 부분이니 정확히 발음을 내서 '네'인 것이고 나머지는 슈아 소리, 그러니까 '어' 처리를 하는 것이다.

이것이 영어의 강세 훈련이다. 이 훈련을 제대로 하면 내가 하는 모든 단어를 원어민이 정확하게 알아듣는다. 이 영어의 강세를 제대로 훈련하면 내 친구처럼 식당에서 초도 못 빌리는 일은 없을 것이다. 내가 하는 단어를 원어민이 못 알아듣는 것은 내 발음 문제가 아니라 대부분 강세 문제다.

효율 영어 – 내용어와 기능어, 중요한 것에만 힘을!

이번엔 영어가 '효율 언어'라는 특징을 설명하겠다. 한국 사람들은 부지런하다. 그래서 그런지 한국어를 말할 때 우리는 중요한 단어 안 중요한 단어 생각하지 않고 다 똑같은 세기와 길이로 말한다.

문제는 영어도 그렇게 한다는 것이다. 하지만 원래 영어는 효율적으로 말하는 것을 좋아한다. 즉, 중요한 단어는 세고 정확하게 소리 내고 안 중요한 단어는 힘을 빼고 잘 들려주지 않는다. 중요한 단어를 '내용어 content word'라고 하고 중요하지 않은 단어를 '기능어function word'라고 한다. 딱 봐도 중요하겠다 싶은 단어가 내용어다. 다음 표를 보면 이해가 빠를 것이다.

내용어(D)	명사, 형용사, 부사, 의미가 있는 동사, 부정어 등
기능어(d)	관사, 전치사, 접속사, 대명사, to부정사 등

It's amazing.

 d   D

예를 들어보자.

이 문장에서 It's는 기능어이고 amazing는 내용어이다. 이제 앞서 나온 개념인 강세와 같이 설명하겠다. 이 문장에서 발성과 함께 강한 날숨의 소리는 amazing에서 'ma' 부분이다. 그리고 나머지는 모두 '슈와' 처리한다. 그래서 한 의미단위는 그냥 긴 단어라고 생각하고 힘을 줬다 뺐다 연습하면 좋다. 이것을 한 단어라고 생각한다면, 4음절의 단어이다.

It's amazing.

  ○   ○   ●   ○

작은 점들은 들숨과 함께 복화술 하듯이 힘을 주지 않는다. 반면 큰 점에서는 기침하듯 강한 소리로 길고 세고 정확하게 터트려줬다가 빼는 힘에 뒤에 작은 점인 ing부분을 처리한다. it's a까지는 ma에 소리를 던지기 전 준비단계라고 생각하면 된다.

기능어에는 시간을 할애하지 마라

효율 영어를 살릴 때 가장 중요한 부분이 시간의 길이다. 시간의 길이를 내용어는 길게, 기능어는 거의 시간을 주지 않았다는 생각으로 해야 리듬이 산다. 내용어만 말했을 때와 기능어가 섞여 있을 때, 시간이 같아야 한다.

Brother eats apples.

   D   D   D

My brother eats the apples.

d   D   D   d   D

My brother is eating the apples.

d   D   d   D   d   D

My brother has been eating the apples.

d   D   d   d   D   d   D

문장에 기능어가 더 붙으면서 문장의 길이가 점점 길어지고 있다. 하지만 이와는 상관없이 이 모든 문장은 같은 속도로 끝나야 한다. 리듬을 좀 더 잘 느끼기 위해서 내용어로만 이루어져 있는 첫 번째 문장에서 단어마다 박수를 쳐보라. 그리고 아래 문장들을 발음하면서 박수의 리듬을 유지해보라. 내용어에 박수를 치는 리듬에 기능어가 절대 방해되지 않게 하겠다고 생각해야 한다. 이 연습을 계속하다 보면 리듬감이 몸에서 절로 느껴진다.

그러면 모든 소리가 이어지면서 영어식 발성과 호흡을 모두 이용하게 되는 것이다. 조금 복잡하게 느껴질 수 있다. 수영도 이론으로 설명하면 힘들다. 그냥 물에 들어가서 해봐야 안다. 문장의 리듬을 연습하는 법이 이해가 안 간다면, 필자가 운영하는 네이버 블로그인 '미라클 영어 스쿨'에 가볼 것을 추천한다. 리듬 훈련 영상을 볼 수 있을 것이다.
(https://blog.naver.com/elle385/221049871940)

영어 리듬을 몸으로 익혀보자

영어는 소리의 강약, 고저로 소리가 물결치는 언어이다. 영어는 본인이 말하면서도 리듬이 느껴져야 한다. 나의 수업 시간에 학생들은 매우 부산스럽다. 누군가는 박수치고, 누군가는 몸을 움직이고, 누군가는 팔을 휘두른다. 다들 자신에게 맞는 방식에 따라 영어의 리듬, 호흡, 발성을 연마하는 것이다. 그런데 영어식 소리를 훈련할 때 그냥 목석같이 움직이지 않고 연습하는 학생들도 있다. 멀리서 봐서 연습하는 소리가 안 들려도 말할 때 몸만 보면 리듬을 타면서 하는지 안 하는지 알 수 있다. 앞서 말했듯이 영어는 리듬이 있는 언어이다. 어떻게 무표정에 아무 제스처 없이 말이 나올 수 있겠는가? 할리우드 배우가 토크쇼에 나와서 인터뷰하는 모습을 보라. 목석같이 앉아서 손이나 팔은 절대 움직이지 않고 말하는 사람은 거의 없다. 영어 자체가 그렇게 나오기가 힘든 언어이다. 그게 잘 안 느껴진다면 처음에는 어색해도 몸을 움직여보면 된다.

첫 번째는 몸을 움직이는 방법이다

몸을 앞뒤로 반동을 주면 움직인다. 리듬이 나오는 규칙은 앞서 설명한 내용어에서 앞으로 나가고 기능어에서 뒤로 빠진다. 그렇게 하다 보면 몸이 앞뒤로 계속 움직이면서 영어의 소리가 끊어지지 않는다. 이렇게 몸을 움직이는 방법은 발성이 잘 안 나오고 소리가 잘 안 터지는 사람들에게 특효다. 왜냐하면 몸이 앞으로 훅 나가면 소리가 몸의 반동과 함께 더 나가기 때문이다.

It's amazing.

○　○　●　○

예를 들어 기능어인 'it's a' 까지는 몸이 뒤로 빠진다. 마치 앞으로 나갈 준비를 한다는 느낌이다. 그리고 내용어, 즉 강세 부분인 'ma'를 말할 차례가 될 때 몸을 훅 굽히면서 날숨과 함께 소리를 던진다. 소리를 최대한 다 던졌기 때문에 더 이상 소리가 나갈 수가 없다. 이제 숨을 다시 갖고 와야 한다. 나갔던 몸이 다시 돌아오면서 'zing'소리를 낸다. 이때 소리는 끊어지지 않고 유기적으로 연결되어 나온다.

두 번째는 박수를 치는 방식이다

박수를 치면서 리듬을 타는 방식은 내용어와 기능어의 차이를 크게 느끼기에 좋은 방법이다. 처음에 리듬을 전혀 타지 못하는 학생들에게 내용어와 기능어를 의식적으로 구분하게 하는 데 특히 좋다. 박수를 치는 방식은 내용어에서 큰 박수를 치고 기능어나 슈와 소리에는 박수 치기를 준비한다.

It's amazing.

○　○　●　○

'it's a'에서는 박수 칠 준비를 하고 'ma'에서 큰 박수를 친다. 그리고 이어지는 'zing'에서 손을 떼어준다.

세 번째는 손이나 팔을 움직이는 방법이다

이 방법은 원어민들이 자연스럽게 제스처 취하면서 말하는 방식이다.

그러므로 다른 방식으로 리듬을 타더라도 결국에는 이 방식으로 귀결된다. 실제 원어민과 말하는 데 박수를 치거나 몸을 앞뒤로 흔들 수 없는 노릇이 아닌가?

　처음에는 팔을 움직일 때 과하게 움직인다. 마치 농구를 한다는 느낌으로 한다. 공을 계속 통통통 튀기면서 말한다는 느낌이다. 내용어 강세 부분에서 공을 밑으로 던지고 기능어나 슈와 소리에서는 공이 위로 올라온다. 공은 움직일 때 위아래로 끊임없이 움직인다. 그러니 농구공을 튀기듯이 리듬을 타면 소리가 끊어지지 않는 것이다.

It's amazing.

○　○　●　○

'it's a'까지는 공 던지기 준비단계라는 생각으로 공을 세게 던져야 하니까 손이 살짝 위로 올라가면서 소리 낸다. 내용어 강세 부분 'ma'에서 공을 확 밑으로 던지면서 같이 소리가 나간다. 소리가 나갔다 돌아오는 반동을 이용해서 'zing' 소리를 내면서 손이 다시 올라온다.

　영어 리듬 훈련을 할 때, 박수를 치거나 몸을 움직이거나 팔을 휘두르는 것이 아무런 규칙 없이 그냥 하는 것은 아니다. 예전에 수강생들에게 리듬탈 때 몸을 움직이라고 했더니 아무렇게나 디스코 춤을 추더라. 처음에는 영어를 하면서 제스처를 취하는 것이 어색해서 제멋대로 할 수도 있다. 그래서 제스처를 취하는 방법도 나름 규칙을 갖고 설명해준다. 이렇게 일반적인 규칙으로 연습하다 보면 자신만의 편한 방식을 찾는다.

기본적으로 영어를 말할 때 디스코 춤을 추는 제스처는 취하지 않는 것이 좋다. 왜냐하면 그렇게 찌르듯이 제스처를 취하면 소리가 딱딱 끊어진다. 영어는 절대 소리가 스타카토로 딱딱 끊어지지 않는다. 유기적으로 계속 연결되어야 한다. 그런데 손가락으로 찌르다 보면 자신도 모르게 소리도 스타카토로 끊어진다.

영어의 소리를 내는 데서 발성, 강세, 호흡, 리듬 같이 중요한 요소들을 따로따로 배우면 안 된다. 언어는 종합 예술이다. 한 문장을 연습해도 이 모든 것을 한꺼번에 생각하면서 훈련해야 한다. 영어는 공부가 아니라 수영이나 골프 같은 운동이다. 그렇기 때문에 위의 소리튜닝 이론을 몸으로 기억해놓아야 한다. 그러면 아무리 시간이 지나도 영어가 리듬감 있고 자연스럽게 술술 나올 것이다.

머리는 까먹어도 몸은 기억한다. 영어의 리듬을 제대로 훈련해주면 원어민이 하는 말도 잘 들리고 내가 하는 말도 원어민이 잘 들을 것이다. 원래 입과 귀는 연결되어 있기 때문이다.

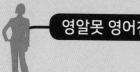

체각이 발달한 사람이라면 주목!

이렇게 몸을 움직이면서 영어 소리를 연습하는 방식은 특히 오감 중 체각이 발달한 사람에게 특효약이다. 체각이 발달한 사람은 눈이나 귀로 문장을 잘 파악하지 못한다. 그러니 암기도 잘 안 된다. 하지만 몸으로 문장의 리듬을 기억해놓으면 문장 암기도 잘되고 입에서 술술 나오게 된다.

앞서 언급한 바와 같이 나는 수업을 진행할 때 시각, 청각, 체각을 자극하면서 수업한다. 왜냐하면 외국어를 익히는 것은 우리의 머리가 아니라 우리의 오감이기 때문이다. 외국어를 공부할 때는 우리의 오감을 자극해주면서 훈련해야 효과적이다.

특히 체각을 자극하면서 훈련하면 앞서 배웠던 영어 호흡, 발성, 리듬을 한꺼번에 익힐 수가 있다. 말로 설명을 하고 머리로 백날 이해해도 결국 몸으로 기억해놓는 것이 최고다.

수영도 수영하는 법을 머리로 기억해놓으면 다음날 수영하려고 할 때 기억이 안날 수 있다. 하지만 몸으로 수영하는 법을 기억해놓으면 아무리 많은 시간이 지나도 몸이 기억하고 있다.

20

6살짜리 꼬마 톰 따라잡는 소리튜닝

My imperfections make me unique.
나의 결함은 나를 특별하게 만든다.

아기가 처음 '엄마mama'를 부르듯 시작하라

지금까지 소리튜닝 방법을 하나하나 배웠다. 이제는 이것을 종합해서 훈련에 들어갈 차례다. 여기 6살 난 미국 아이 톰이 있다. 1단계 목표는 미국인 6살 톰을 따라잡는 것이다.

톰은 뱃속에서 영어 소리를 많이 들었기 때문에 무슨 의미인지는 모르지만 엄마의 소리가 다 들린다. 어느 날 엄마가 손가락으로 자신을 가리키며 'mama'라고 말한다. 톰은 엄마의 입 모양을 보고 소리를 들으며,

'저 사람이 mama구나.'라고 의미를 소리에 매치시킨다. 그렇게 엄마가 계속 시도하니 톰도 엄마가 하는 것처럼 입 모양을 따라 해본다. 그리고 소리를 내본다. 처음에는 이상한 소리가 나오더니 반복할수록 점점 엄마와 비슷해진다.

톰은 조금 더 커서 이제 짧은 단어를 나열할 수 있게 됐다. 그리고 짧은 문장을 말해본다. 틀리면 엄마가 다시 고쳐준다. 그리곤 다시 엄마를 똑같이 따라 한다. 그렇게 더 연습하고 나니 용기가 생긴다. 이제 긴 문장을 시도해본다. 가끔 단어를 틀리기도 하지만 길게 말할 수 있는 수준으로 발전한다.

여기까지가 6세 어린이의 평균적 언어 능력이다. 6세는 모국어의 기초를 완성하는 시기다. 미국인 6세 수준의 영어는 어른이 쓰는 용어나 어려운 말은 종종 이해 못하지만, 자신이 원하는 바는 확실히 전달할 수 있는 수준은 충분히 된다. 이 정도까지만 올려놓으면 그 다음부터는 즐기면서 간식 먹듯이 유지단계로 들어가면 된다.

우리는 톰이 6년 동안 익혔던 영어를 3개월에서 1년 이내에 완성해야 한다. 그러니 톰과 달리 여러 단계를 겹쳐서 해야 한다. 6세 전에는 읽기와 쓰기를 거의 하지 않는다. 그러니 미국인 톰을 따라 하려면 소리를 먼저 완성해야 한다.

그렇다면, 이제는 톰이 모국어인 영어를 익힌 방식을 우리의 영어 학습에 적용해보자.

1. 엄마 뱃속에서 소리 훈련을 한다

→ 영어만의 고유한 소리 음소단위를 익히기

2. 소리와 의미를 매치시키며 비슷하게 소리를 내 본다

→ 영어 소리튜닝 훈련

3. 단어나 문장을 생각해서 말 한다

→ 소리로 익혔던 영어를 상황에 맞게 말하기

① 영어만의 고유한 소리 음소단위를 익히기

톰은 엄마의 뱃속에서부터 영어 소리를 듣는다. 이때는 시각을 이용하지 않기 때문에 소리의 의미는 전혀 알 수 없다. 단지 영어 소리의 주파수에 익숙해지는 단계다.

그러니 외국어로 영어를 배우는 우리도 먼저 영어 소리 주파수에 익숙해져야 한다. 그래서 영어 습득의 가장 기초적인 공사는 영어의 음소단위를 뇌에 입력시키는 것이다. 앞서 소개했듯이 영어 소리의 최소단위인 음소 소리를 정확한 발성, 호흡, 조음기관을 이용해서 반복 훈련한다. 음소 소리 훈련을 할 때는 조금 오버하듯 강한 소리로 연습한다.

각 음소단위에 맞는 정확한 입 모양도 함께 익힌다. 입 모양을 보고 따

라 하는 것은 톰이 태어나서 엄마 입을 보고 언어를 익히는 단계다. 44개의 음소단위를 정확한 발성, 호흡, 조음기관을 이용해서 훈련하면 영어를 들을 때 탈락되는 소리가 없어진다. 전혀 모르는 단어일지라도 소리는 듣고 따라할 수 있다.

② 영어 소리튜닝 훈련

음소단위 훈련 후에는 쉽고 짧은 문장으로 리듬과 발성 그리고 호흡 훈련을 한다. 중학교 교과서 수준의 대화체 위주의 지문을 고른다. 단, 반드시 음성파일이 있어야 한다. 필자의 소리튜닝 수업 첫날, 대부분 수강생들은 지문이 너무 쉽다고 생각한다. 리듬과 발성 호흡 훈련이 목표이기 때문에 지문이 어려울 필요는 전혀 없다. 그리고 이 쉬운 지문도 막상 생각해서 영어로 말하라고 하면 다들 못 한다. 대화체 지문을 고르라고 하는 것은 생활 영어로 바로 나올 수 있게 하기 위해서다.

W1 : 우리 오빠들과 인사해.

M1 : 안녕하세요! 만나서 기뻐요.

M2~M6 : 우리도 너를 만나서 기뻐.

M1 : 저 사람들이 다 네 오빠야?

W1 : 아니야! 저들 중 두 사람만! 나머지는 우리 오빠들 친구들이야.

앞의 지문은 중학교 2학년 교과서에 실린 내용이다. 한글을 보면서 영어로 술술 말할 수 있겠는가? 어떤 문장은 바로바로 안 나올 수도 있다. 이렇게 영어로 보면 너무 쉬워 보이는 지문도 막상 영어로 말하려고 하면 바로 안 나온다. 그래서 이런 기본적인 것을 갖고 먼저 훈련하는 것이다. 물론 연습 교재가 반드시 교과서일 필요는 없다. 그냥 저 정도 수준의 대화체로 되어 있는 아무 회화 책이면 된다. 자, 이제 영어로 된 지문을 갖고 영어식 호흡, 발성, 리듬을 연습한다.

W1 : Please, Meet my brothers.

M1 : Hi! Pleased to meet you.

M2~M6 : Nice to meet you too.

M1 : Are they all your brothers?

W1 : Oh no! Only two of them. The others are their friends.

일단 한 문장씩 '영어 소리튜닝법'에 따라 분석한다. 소리 완성 훈련은 우리의 모든 오감을 이용해서 할 수 있도록 구성했다.

1. 내용어와 기능어를 구분해서 내용어는 D, 기능어는 d로 표기한다.
2. 먼저 발성, 호흡, 내용어, 기능어만 생각하고 D와 d로만 '다다' 소리를 낸다. (이때 D와 d는 모두 다 이어져서 소리가 나와야 한다.)

2. 발성, 호흡, 강세만 생각하고 내용어 영어 단어들을 먼저 소리 낸다.

3. 이제 '다다'로 연습한 리듬으로 실제 영어에 적용한다.

4. 리듬을 더 잘 느낄 수 있도록 몸을 움직여주며 문장을 읽는다.

5. 실제 상황이라고 생각하고 감정을 넣어 연기를 해준다.

6. 한글 문장을 보고 영어로 말하는 연습을 한다.

W1 : Please, Meet my brothers.

     D   D   d   D

M1 : Hi! Pleased to meet you.

     D!   D   d   D   d

M2~M6 : Nice to meet you too.

     D   d   D   d   D

M1 : Are they all your brothers?

     d   d   D   d   D

W1 : Oh no! Only two of them. The others are their friends.

     D   D   D   d   d   d   D   d   d   D

영어의 리듬은 이렇게 D와 d가 계속 연결되면서 소리가 이어지는 것이다. D를 소리 낼 때만 박수를 쳐보자. d는 박수치기 준비단계이다. D와 d가 계속 번갈아 가며 나온다. 그러니 리듬이 생기는 것이다. 몸은 계속 앞뒤로 움직이며 해도 좋다. d 소리는 '슈와'의 느낌으로 절대 다른 사람이 내가 하는 d 소리를 '딕테이션' 못하게 하겠다는 생각으로 대충 얼버무려 확 소리를 죽인다. 기능어 d가 여러 개 겹쳐 있을 때 다 또박또박 발음하지 않고 다 같이 뭉갠다. 기능어 처리를 잘해야 영어 말하기 속도가 빨라지고 입이 꼬이지 않는다.

간혹 D와 D가 연달아 있을 경우, 소리 힘을 다 내주고 또 힘을 바로 줄수가 없다. 그러면 소리가 끊어진다. 이런 경우는 화자의 의도에 따라 더힘주는 부분이 있다.

예를 들어, 'beautiful girl'의 두 단어는 다 내용어다.

beautiful girl
     D   D

둘 다 숨을 훅 내쉬면 끊어진다. 그러므로 'beautiful'에 힘을 줄지 'girl'에 힘을 줄지 결정을 하고 한 단어에만 힘을 줘서 끊어지지 않게 한다.

한 문장에 내용어가 많을 때도 마찬가지다.

This place is really popular with people in an out of the area.

  d   D   d   D   D   d   D   d d d d   D

place, really, popular, people, area가 내용어다. 모든 내용어를 다 똑같은 세기로 힘을 주면 로봇처럼 좀 어색하다. 한 의미단위 혹은 한 문장에서 가장 강조하고 싶은 내용어는 더 힘을 주고 다른 내용어는 그에 비해 힘을 빼준다. 그래야 자연스럽게 말하는 듯한 리듬이 나온다.

여기까지는 영어 문장 소리 체화 훈련이다. 한 문장은 적어도 20번씩 반복하고 자신의 입에서 편하게 나올 때까지 반복한다. 반복 횟수는 이제까지 자신의 영어 말하기 수준에 따라 달라진다.

간혹 영어식 사고를 해야 한다고 강조하는 영어 전문가들이 있다. 하지만 이미 한국어 사고로 20여 년의 세월을 살아온 사람들이 갑자기 영어식 사고를 할 수 있을까? 우리는 영어를 말하는 상황이 생기면 우선 한국어부터 떠오른다.

그러니 한국어를 보고 바로 나오게 연습하는 것이 최고다. 이 방법은 내가 통역사 시험 준비를 할 때 했던 훈련법이다. 한글을 보면서 영어로 동시에 말하는 것이다. 실제 통역사들은 한국어로 된 뉴스를 보고 영어로 바꿔 말하기 훈련을 매일 한다.

쉬운 대화체를 영어 호흡, 발성, 리듬, 입 모양에 맞춰서 말하기가 익숙해졌는가? 그렇다면 이어서 다음 페이지의 영화 한 편 씹어먹는 훈련법으로 가자!

21

영화 한 편 끝내기 도전!

I am improving each day.
나는 매일 성장한다.

영화를 끝내면 뉘앙스를 알게 된다

이제 쉬운 대화체 영어가 익숙해졌으면 자신이 좋아하는 영화나 미드한 편 끝내기에 도전한다. 이것저것 찔끔찔끔 공부하는 것보다 영화 한편을 끝내면 일단 성취감 면에서도 좋지만, 영화는 전체 대화의 흐름이계속 이어지기 때문에 영어를 뉘앙스와 상황으로 이해하기 좋다. 그런면에서 영화는 최고의 교재다.

자신이 가장 좋아하고 100번을 봐도 질리지 않을 영화를 먼저 고른다.

물론 굳이 영화이어야만 하는 까닭은 없다. 미드도 좋고, 애니메이션도 괜찮다. 단지 미드는 워낙 에피소드가 많으니까 다음 내용이 궁금해서 그냥 미드 감상만 하게 될 수 있다. 이 유혹을 이겨낼 수만 있다면 괜찮다. 애니메이션은 입 모양을 따라할 수 없으니 덜 효과적이다. 이 훈련을 위해 먼저 필요한 것은 영어와 한국어 대본이다. 영어와 한국어 대본은 인터넷에서 쉽게 구할 수 있을 것이다. 공부할 맛이 나게 하려면 근처 복사집에 가서 교재로 만드는 것을 추천한다.

훈련 전에 먼저 바탕을 깔아야 한다. 스토리를 모르는 영화라면 일단 한글 자막과 함께 본다. 편한 마음으로 영화를 감상한다. 스토리나 상황이 어느 정도 머릿속에 박혔으면 자막 없이 영화를 보기 시작한다. 그러면서 소리가 얼마나 들리는지 확인한다. 소리가 귀에 잘 들어오는가?

자, 이제 진짜 영화 한편 끝내기 훈련을 시작한다. 한 영화에 대사는 2,000문장 정도 된다. 자신이 목표로 하는 시점을 정한 후 하루에 몇 문장씩 연습할지 결정한다. 3개월을 기준으로 한다면 하루에 대략 20문장씩 연습하면 된다. 20문장씩 매일 3개월 연습한다. 연습할 때 전날 했던 문장은 계속 중첩된다.

1단계 : 소리 분석 단계

한 문장 한 문장 공을 들여 연습한다. 앞에서 쉬운 회화로 연습한 '영어 소리튜닝' 방법으로 한 문장에 5번씩 읽어본다. 즉, 내용어 기능어를 나누고 영어의 발성, 리듬, 호흡을 생각하고 몸을 움직이며 리듬을 탄다.

2단계 : 소리 연습 단계

해당하는 문장의 영상을 플레이하고 소리가 다 들리는지 확인한다. 그리고 영화에서 나오는 소리를 듣고 대본을 보며 10번씩 연습한다.

3단계 : 소리 체화 단계

영화를 보면서 그 대사를 말 할 때 배우의 입 모양을 따라 한다. 감정을 넣어서 소리 낸다. 그리고 그 상황에 맞는 그 배우의 감정과 연기조차 따라 한다. 5번 정도 소리 내어본다.

4단계 : 암기 체화 단계

영화를 한글 자막으로 보면서 영어로 말하는 연습을 한다.

5단계 : 영어 무의식화 단계

문장이 익숙해지고 한국어를 보고도 술술 나올 정도가 되면 영화를 MP3 파일로 만든다. 이 파일을 핸드폰에 담아서 길거리 돌아다닐 때 자신이 그 배우라고 생각하고 감정을 충분히 담아서 동시에 말하기를 한다. 이것은 섀도잉 훈련이다. 이렇게 동시에 말하기 연습을 하면 속도가 빨라지고 리듬에 맞춰 말할 수 있게 된다.

하루하루 소리튜닝 훈련하며 20문장만 뜯어먹자

실제 하루 목표치 영화 대사를 갖고 훈련하는 방법을 소개하겠다. 영화 〈인턴〉의 대사다. 딱 10문장만 뜯어 먹어보자!

내용어가 연달아 있는 경우에는 D'로 표시했다. 연달아 있는 내용어는 더 강조하고 싶은 곳에 힘을 주고 이어준다. 영화를 들으며 어느 D'에 힘을 더 줬는지 확인하라.

A: I think an Internet place is looking for senior interns.

d D   d   D'   D' d   D   d   D'   D'

Am I reading this right?

d d   D   d   D

B: Let me see. "Applicants must be over 65 years of age,"

d d   D   D   d d d D   d   d D

"have organizational

D'   D'

skills", "a genuine interest in e-commerce," whatever that is,

D'   d   D'   D   d   D   D   d d

"and a roll-up-your-sleeves attitude."

d d   D'   D'

A: AboutTheFit.com, isn't that the Outfit that Was...

      D   D   d   d   D   d   d

B: Yeah, yeah, yeah.

   D   D   D

They bought one of those old factories in Red Hook.

d   D   d   d   d   D'   D'   d   D'   D'

My daughter says they sell

d   D   d   d   D'

clothes on the Internet. How that works, I have no idea.

D'   d   d   D   d   d   D   d   D' D' D'

A: Well, you have to upload the application.

   D   d   d   d   D   d   D

That could be challenging.

d   d   d   D

Listen to this, Cover letters are so old-fashioned.

D   d d   D   d D' D'

Show us who you are with a cover-letter video.

D d D d   d   d d   D'   D'

"Upload your video to YouTube or Vimeo" using .mov, .avi,

D   d   D d   D   d   D   D'

or a .mpg file.

D' d   D

"We look forward to meeting you."

d   d   D   d   D   d

Well, I guess that's meeting me.

D d D   d   D   d

소리 연습이 끝났으면, 이제 한글보고 말하기 연습을 한다.

A: 내 생각에 인터넷 업체에서 시니어 인턴을 구하고 있나봐. 내가 맞게 읽고 있는 거야?

B: 내가 한번 볼게. "지원자는 65세 이상이여야 하며" "조직 기술을 갖추고 있고" "전자 상거래에 대한 진짜 관심과" 그게 뭔진 모르겠지만 "그리고 적극적인 태도."

A: AboutTheFit.com, 이 회사가...

B: 레드 훅에 있는 오래된 공장을 매입한 업체지. 내 딸이 인터넷에서 옷을 파는 회사랬어. 어떻게 그게 가능한지 전혀 모르지만.

A: 당신은 지원서를 업로드 해야 합니다. 그게 좀 어려울 수 있어요. 잘 들으세요! "자기소개서는 너무 구식이죠." "당신이 누구인지 자기소개 동영상을 통해 보여주세요." "mov, avi 혹은 mpg 파일을 사용해서 유튜브나 비메오에 업로드 해주세요." "우리는 당신을 만나길 기대하고 있겠습니다." 딱 나를 두고 하는 말인 것 같군.

이 한글 보고 말하기 연습을 할 때 기억이 안 난다고 영어 스크립트를 컨닝하면 안 된다! 그냥 할 수 있는 만큼 어떻게든 끝내자. 다 하고 나서 영어 스크립트를 본다. 아까 하다가 잘 몰랐던 부분을 체크하고 그 부분을 5번 정도 반복한다. 이 과정을 10번 정도 해준다. 단, 암기에 신경 쓰다가 앞서 훈련한 소리를 잊으면 안 된다!

중요한 것은 암기가 아니라 소리튜닝이다. 다음 날 다른 대사 연습하기 전에 한글 보고 5번 정도 더 연습하라. 영어는 반복 훈련이다.

"선생님, 저는 발음이 안 좋아서 영어에 자신이 없어요!"

내가 수강생 컨설팅을 할 때 가장 많이 듣는 말이다. 우리나라 사람들은 말하기를 잘하려면 발음이 좋아야 한다고 생각한다.

하지만 영어를 잘한다는 유럽인들의 영어 발음을 들어본 적이 있는가? 그들의 발음도 결코 좋다고 말할 수 없다. 내가 알던 이탈리아 친구는 'good'이라는 발음이 안 되서 '구드'라고 발음했다. 나는 이 친구가 자신이 이렇게 발음하는 것을 모르는 줄 알고, 하루는 그 친구에게, "구드"라고 따라 말했다. 그랬더니 "너 지금 나 따라 하는 거야?"라고 했다. 알면서도 그렇게밖에 발음이 안 되는 것이었다.

세종대왕이 창제하신 한글은 우수하여 전 세계 거의 모든 언어의 발음이 가능하다. 일본어와 비교해볼 때, 한글은 정말 거의 대부분의 발음이 가능하다. 그럼에도 불구하고 유럽인들은 우리보다 영어를 잘한다고 한다. 즉, 발음의 문제가 아니다. 좀 더 정확히 말하면 발음이 아니라 영어 자체의 소리가 문제다. 한 번에 다 외우려고 하지 말라! 머리로 외우는 것이 아니라 입이 암기하는 것이다. '하도 많이 반복해서 입에 붙었네!' 라는 마음으로 한다.

이렇게 3개월 정도 훈련을 하면 6세 톰의 영어 실력이 된다. 일상적인 쉬운 영어를 듣고 말할 수 있게 된다. 여기까지만 해도 어디 가서 영어를 잘한다는 이야기를 들을 것이다. 영어에 대한 엄청난 자신감과 실력을 갖게 된다. 하지만 아직 잘 읽고 쓰지는 못한다. 하지만 괜찮다.

일단 언어 습득 1단계인 6세 톰은 따라 잡았다. 6세 정도의 영어만 구사해도 괜찮겠다고 생각하는 사람은 여기서 훈련을 끝내고 유지기인 3단계로 들어가면 된다. 모든 사람의 영어 정복 목표가 같을 필요는 없다. 본인의 목표에 따라 훈련 단계를 정한다.

갓주아의 소리튜닝용 영화 추천

1. 영화는 시대가 현대인 것을 고른다. 우리나라 사극으로 한국어 공부하면 웃기지 않겠는가?

2. 액션영화보다는 주고받는 대화가 되도록 많은 영화를 고른다.

3. 자신이 닮고 싶은 소리를 가진 배우의 영화를 고르면 좋다.

4. 100번을 봐도 지겹지 않을 영화를 고른다.

5. 첫 영화는 대사가 빠르지 않은 것을 고른다 → 애니메이션은 느린 편이다. 하지만 배우의 입 모양을 볼 수 없는 단점이 있다.

   - 〈라이언 킹〉, 〈라푼젤〉, 〈미녀와 야수〉 : 어휘나 빠르기 면에서 쉬운 편에 속한다.

   - 〈포레스트 검프〉 : 주인공 검프는 어눌한 캐릭터라 말이 느리다.

   - 〈악마는 프라다를 입는다〉, 〈인턴〉 : 직장인 언어를 배울 수 있다.

   - 〈모던 패밀리〉 : 미드 중에서는 최고의 교재이다.

   - 〈어바웃 타임〉 : 영국 영어 도전 용이다.

소리튜닝 실전

'영화를 100번 보라!'는 말은 믿지 마라. 당신이 100번 봐서 되는 사람이면 다행이지만 1,000번 봐야 할 수도 있다. 1,000번 봐도 안 될 수 있다. 되었다고 치자. 과연 그렇게 배운 영어를 원어민이 알아들을까? 더 효율적이고 확실한 방법이 있다. 소리튜닝이다.

읽기, 쓰기, 듣기 훈련 모두 소리튜닝이 먼저다. 다이어트와 마찬가지다. 체지방을 빼면서 근육 늘리기도 가능하지만 효율이 떨어진다. 소리튜닝하면서 다른 훈련도 할 수 있지만 효율이 떨어진다. 지방 쫙 빼고 근육 운동 시작하자. 지방이 빠지면 근육을 붙이기가 수월하다. 말하면 듣기가 된다. 읽기 쓰기가 쉽다. 왜냐고? 내가 그렇게 말하니까! 발성, 호흡, 리듬, 입 모양을 영어에 최적화시킨 후에 영화 한 편만 씹어먹어라.

영어천재가 되는 소리튜닝의 마법, 영화 한 편 씹어먹기!

① 좋아하는 영화를 고른다. 액션보다는 말이 많은 영화면 제일 좋다.

② 영어 대본과 한국어 대본을 준비한다.

③ 영화 한 편은 2,000문장 정도 된다. 100일 동안 20문장씩 목표로 잡는다.

④ 한 문장씩, 영어 대본을 보면서 내용어/기능어(발성, 리듬, 호흡)을 분석한다.

⑤ 영화 속 배우가 해답지다. 영화를 보면서 그 문장의 내용어/기능어를 비교 체크한다.

⑥ 배우의 입 모양과 감정까지 주의 깊게 보면서 한 문장당 10번씩 따라 한다.

⑦ 한 문장씩 ④~⑥의 과정을 반복하며 총 20문장을 씹어먹는다.

⑧ 말하기가 익숙해지면 한국어 대본을 보고 영어로 바꿔서 말하는 연습을 한다.

⑨ 익숙해지면 MP3파일로 만들어 듣고 다니며 하루 종일 따라 한다.

⑩ 매일 어제 훈련분까지 중첩해서 복습하는 식으로 영화 한 편을 끝낸다.

영어 튜닝을 위한 저널 만드는 어플리케이션 추천 : cake(케이크)

나는 최근에 굉장히 괜찮은 어플리케이션을 발견했다. 기술이 발달하면서 점점 외국어를 학습하는 환경이 더 좋아지는 것 같다. 'cake(케이크)'라는 어플리케이션이다. 이름도 참 예쁘다. 이 어플리케이션은 영어학습에 있어서 정말 케이크 선물 같다. 나는 저널을 만들면서 항상 아쉬워했던 부분이 내 저널에는 음성지원이 안 된다는 점이었다. 내가 쓰는 저널이니 당연하겠지만, 항상 내가 쓴 상황들이 음성으로 들리면 얼마나 좋을까 생각했다. 나는 생각만 했는데 그걸 행동으로 옮긴 사람이 있었다. 케이크는 학습하고 있는 영어 표현이 포함되어 있는 동영상을 유튜브나 영화 또는 인터뷰에서 찾아내어 한데 묶어 올려준다. 내가 그동안 저널에 썼던 내용을 동영상으로 보는 느낌이다. 예를 들면 오늘의 표현이 '그동안'이라는 영어 표현이었다. 영어로 'in the meantime'이다. 이 표현이 들어간 유튜브 동영상 세 개를 올려주면서, 이 표현이 들어간 여러 문장들을 다양한 상황에서 파악할 수 있게 해준다. 앞뒤 상황이 짧게 나오기 때문에 한꺼번에 통으로 기억해놓기 좋다.

하지만 이 어플리케이션은 좋든 싫든 거기서 알려준 표현만 공부해야 한다. 자신이 배운 표현이나 알고 싶은 표현이 있을 때는 자신의 저널을 써야 한다. 'cake'를 사용해서 몰랐던 표현들을 익히고, 자신의 저널에는 자신이 알고 싶은 단어나 표현을 정리해놓고 매일 본다.

Whenever I hear,
'It can't be done.' I know I'm close to success.

'그건 할 수 없다.'라는 말을 들을 때마다
나는 성공이 가까웠음을 안다.
– 마이클 플래틀리

4장

영어 완전 정복으로 가는 7단계 훈련법

갓주아의 메시지 No.4 : 이제 원어민 12세 수준 2단계로 진입하라

영어 완성 1단계를 끝내고 나면 듣기, 말하기, 읽기, 쓰기가 어느 정도 모두 성장해 있다. 이제 웬만한 영어 소리는 탈락현상 없이 잘 들리고 기본적인 영어 말하기도 가능하다. 대본을 보고 공부했기 때문에 읽기 쓰기도 어느 정도 되는 상태다.

하지만 초등학생 고학년 수준의 읽기 쓰기는 아직 힘들다. 언어 습득 단계 2단계에서는 12세인 톰을 따라잡는 단계이다. 보통 아이들이 모국어를 배울 때 7세 정도부터 글자를 배운다. 알파벳을 배우고 짧은 단어를 더듬더듬 읽기 시작한다.

한글을 배우는 7세를 생각해보라. 한글의 모음과 자음을 익히고 읽기와 쓰기를 동시에 배운다. 읽기가 완성되면 쓰기를 배우는 것이 아니다. 물론 쓰기보다 읽기를 더 빠르게 익힌다.

영어를 외국어로 배우는 우리는 이미 알파벳을 알고 있고 어느 정도 읽을 수도 있다. 그러니 미국인 톰보다 훨씬 유리한 조건에서 시작하는 것이다.

22

읽기 쓰기 : 쉬운 소설 한 권 씹어먹기

My potential to succeed is limitless.
나의 성공의 잠재력은 끝이 없다.

소설 씹어먹기 – 문어체를 공부하는 가장 좋은 방법

영어 습득 2단계는 6세에서 12세로 성장하는 단계다. 이때까지 회화나 영화로 훈련을 해서 구어체에는 익숙해져 있다. 하지만 읽기와 쓰기는 문어체로 연습해야 한다.

문어체 영어를 연습하는 가장 좋은 방법은 쉬운 소설 한 편을 내 것으로 만드는 것이다. 만약에 1단계를 거치지 않았다면 유아들이 읽는 동화책을 추천했을 것이다. 하지만 이미 '6세 미국인 톰 따라잡기'를 한 사람들은 어느 정도의 영어 수준이 있다. 충분히 쉬운 소설로 시작할 수 있다. 다른 장르가 아니라 소설이 좋은 이유는 소설은 문어체 문장과 구어체 문장이 섞여있기 때문이다. 내용 구성이 단순하고 이해하기 쉬워 접근하기 좋다. 그래서 최고의 교재다. 너무 문어체만 있으면 공부할 때 지루하고 따분할 수 있다. 하지만 적절하게 구어체가 섞여 있으니 영화로 공부할 때와 느낌이 비슷할 수 있다.

너무 두꺼운 소설책은 피한다. 단편소설short story이 좋다. 딱 200쪽 이내의 술술 읽히는 소설을 고른다. 더 짧을수록 좋다. 장르는 상관없다. 기왕이면 본인이 좋아하는 장르가 좋다. 한글 번역본과 영어 원서를 같이 산다. 그리고 오디오북이 있다면 같이 구입한다. 오디오북까지 구입하면 읽기 쓰기를 하면서 동시에 소리 연습도 할 수 있다. 요즘은 오디오북이 잘 나와서 성우도 실감나게 읽는다. 영화로 공부할 때와 또 다른 재미를 느낄 것이다.

시각과 체각으로 소설 속 문장을 체화시켜라
자, 이제 소설책으로 훈련하는 방법을 공개하겠다.

1. 한글 번역본을 먼저 읽어서 전체 스토리를 파악한다.
2. 영어 소설책의 문장들을 리듬, 호흡, 발성법을 생각해서 읽어본다.

3. 영어 오디오북을 켜서 연습한 문장까지 들으며 동시에 읽기를 한다.

4. 오디오북을 따라 섀도잉을 하면서 문장을 공책에 5번씩 쓴다.

5. 영어로 된 문장이 어느 정도 체화되었으면 한글 번역본을 보고 영어로 말해본다.

말하기 연습할 때와 마찬가지로 하루에 할 수 있는 만큼만 목표 문장 수를 정한다. 영화 공부하듯이 하루에 20문장씩 해도 좋고 시간이 없다면 5문장씩 해도 좋다. 하루 치 양보다 중요한 것이 꾸준함이다. 하루 많이 하고 한 달 있다가 하는 것보다 매일매일 꾸준히 5문장이라도 중첩해서 공부하는 것이 좋다. '소설책 끝내기' 훈련법은 사실 '영화 끝내기' 훈련법과 비슷하다. 단지 차이가 있다면 문어체로 공부한다는 것이고, 문장을 써본다는 것이다. 문장을 받아써서 시각과 체각을 이용해서 내 몸에 문장을 체화시키는 것이다.

자, 그럼 실제 소설책에는 어떻게 글이 쓰여 있는지 보자. 내가 고른 소설책은 『빨간 머리 앤』의 두 번째 이야기인 『에이번리의 앤』이라는 책이다. 영어 소설을 어디서 찾아야 할지 모르겠다면 근처 도서관으로 달려가 보라. 웬만한 유명한 소설은 다 있다. 훑어보고 고르면 된다. 하지만 개인적으로 이걸로 씹어먹어야 하기 때문에 책은 빌리지 말고 살 것을 권한다. 일단 5문장 정도만 보겠다.

"She has a brother in British Columbia and she has written to him about them,

but she hasn't heard from yet."

"What are the children like? How old are they?"

"Six past...they're twins."

"Oh, I've always been expecially interested in twins ever since Mrs Hammond had so many," said Anne eagerly.

이제 여기서는 문어체를 연습해야 한다. 보통 구어체로 말하기 전에 상황설명은 다 문어체로 말해준다. 이렇게 공부하면 단어나 문법은 한번에 해결된다. 지금 이 다섯 문장에 포함되어 있는 중요한 문법만 해도 어마어마하다.

자, 이제 위의 소설 문장들을 씹어먹어보자.

1단계, 한 문장씩 소리 분석하며 입으로 연습하기

She has a brother in British Columbia and she has written to him
　d　D　d　　D　d　D'　　　D'　　d　d　d　　D　d　d
about them,
　d　d

but she hasn't heard from yet.

   d d   D'   D' d   D

"What are the children like? How old are they?"

     d d d   D   d   d D d   d

"Six past...they're twins"

  D d   d   D

"Oh, I've always been expecially interested in twins ever since

  D   d   D   d   D'   D'   d D   d   d

Mrs Hammond had so many," said Anne eagerly.

    D'   D' D' D'   D'   D'   D'

2단계, 오디오북을 켜고 자신이 연습한 소리와 비교해보고 성우 소리를 따라 읽는다.

3단계, 오디오를 틀어 놓고 빈 노트를 준비해서 5번씩 쓰며 몸으로 문장을 체화한다.

4단계, 한국어 버전을 보고 영어로 바꿔 말해본다.

"그녀가 브리티시콜롬비아에 사는 오빠가 있는데 그들에 대한 편지를 보냈대,

근데 아직 답장을 못 받았대."

"어떤 아이들인데요? 몇 살이래요?"

"여섯 살이래. 쌍둥이고."

"아, 저는 해먼드 아주머니가 쌍둥이를 많이 낳은 걸 본 후로 쌍둥이에 관심이 많아졌어요."

앤이 안달하며 말했다.

이런 식으로 영어공부를 해보았는가?

이렇게 하면 무슨 언어든 다 정복할 수 있다. 언어 습득 1단계를 끝냈다면, 2단계는 1단계보다 여유를 두고 조금씩 해도 괜찮다. 이미 영어는 잘하는 상태이므로 1단계만큼 시간이 걸리지 않을 것이다. 다이어트로 치면 1단계에서 혹독한 훈련으로 체지방을 쫙 다 빼고, 2단계에서는 근육 운동을 통해 몸매를 조각하는 것이다. 영어도 마찬가지다. 1단계에서 혹독하게 영어 소리를 완성했다면, 2단계에서는 내 영어를 보다 세련되게 만드는 단계이다.

영어 소설책 한 권을 이렇게 씹어먹고 나면 당신의 영어는 이제 12세 톰의 수준에 이르게 된다. 한국 나이로 12세라면 미국 나이로는 10세 또는 11세다. 10세의 미국인 아이가 영어를 말하는 것을 본 적 있는가? 아마 "와우, 나도 저 정도만 영어하면 소원이 없겠다."라고 생각할 것이다. 10세의 미국인 톰은 어른들과 대화하는 데 전혀 무리가 없고 모르는 어휘가 거의 없다. 그리고 유창한 수준의 글쓰기가 가능하다. 물론 그 날 자신이 겪었던 일을 자유자재로 영어로 쓸 수 있게 된다.

그리고 톰과 똑같이 당신이 영어 나이 12세가 되면 '영어를 정복했다.'라고 감히 말할 수 있게 된다. 영어로 듣고 말하기가 자유자재로 되고 쓰고 읽기도 편해지는 수준이 된다. 외국인으로서 영어는 여기까지 고강도 훈련으로 올려놓으면 된다. 이 단계까지 오는 데 6개월에서 최대 1년 정도면 충분하다.

2단계까지 오는 것이 힘들 수도 있다. 하지만 1단계까지는 반드시 가봐야 한다. 1단계까지 훈련하고 나면 영어에 대한 재미와 자신감을 느끼게 된다. 2단계까지 도전하고 싶은 마음이 자연스럽게 생길 것이다. 사실 이렇게 거창하게 설명했지만 당신이 영어를 정복하기 위해 할 일은 딱 두 가지다.

'영화 한 편 끝내기'와 '소설책 한 권 끝내기'다.

이것만 하면 12세 톰 수준으로 영어를 할 수 있다는데 해볼 만하지 않은가?

이렇게 소설책 한 권을 끝내고 나면 스스로 엄청난 내공을 느끼게 될 것이다. 이렇게 공부하면 영어책을 읽고 영어로 글을 쓰는 데 있어서 무한한 자신감을 갖게 된다. 문법과 어휘는 덤으로 얻어진다. 따로 문법 용어를 공부해서 문법을 알게 되는 것이 아니라 책의 내용에 따라 뉘앙스로 문법을 익히게 된다. 어휘도 소설책 한 권을 끝내면 영어권에서 살아가는 데 필요한 웬만한 어휘는 다 익히게 된다. 그러니 따로따로 공부하는 것이 아니다.

아래 네 가지 사항을 주의하면서 시작해보라.

1. 다독이 목표가 아니다. 그냥 훅! 읽으면 안 된다.

한 권은 말 그대로 뜯어 먹는다. 한 권을 넘어서면 그 다음부터는 다독을 해도 된다.

2. 요즘엔 소설이 영화화 된다거나 영화가 소설이 되는 경우가 많다.

1단계 2단계 훈련을 할 때 같은 것으로 씹어먹는 방법도 추천한다.

3. 다음의 추천 도서들은 나의 취향이다. 여러분이 좋아하는 장르로 공부하는 것이 최고다.

4. 고전 명작 소설은 피한다. 물론 문장 표현들이 주옥같고 예술 같다. 하지만 이번 단계에서는 쉬운 언어로 쓰인 책으로 한다.

뜯어 먹기 쉬운 소설 추천

1.『The curious incident of the dog in the night time한밤중에 개에게 일어난 의문의 사건』, Mark Haddon
 : 추리소설. 간혹 전문용어도 나오는데 일상적인 대화는 매우 쉽다.

2.『Matilda마틸다』, Roald Dahl
 : 오디오북으로 영국판도 있고 미국판도 있으니 고를 수 있다.

3.『How to steal a dog개를 훔치는 완벽한 방법』, Babara O Connor
 : 영화로도 만들어진 책. 내용도 짧고 재미있다.

4.『Tuesdays with Morrie모리와 함께한 화요일』, Mitch Albom
 : 베스트셀러. 한국 번역본도 베스트셀러가 됐다.

5.『Flipped플립』, Wendelin Van Draanen
 : 영화도 있다. 영화를 1단계에서 훈련하고 같은 것으로 2단계 훈련을 해도 좋다.

영어 일기 쓰기는 어떨까?

"영어로 일기 쓰기를 시킬까요?"

 나에게 이런 질문을 하는 엄마들이 많다. 시중에 나온 많은 영어 비법 책들도 '영어 일기 쓰기'를 추천한다. 영어 유치원이나 영어 학원에서도 '영어 일기 쓰기'는 필수 과제이다. 나는 개인적으로 영어 일기쓰기를 비추한다. 영어 일기 쓰기는 창의적인 글쓰기 능력을 요구한다. 자신이 생각해서 자신이 원하는 문장을 영어로 쓸 수 있는 능력이 필요하다. 보통 창의적인 활동은 어느 정도의 지식이 습득이 된 후 시작하는 것이 좋다. 그러니 영어로 일기 쓰기는 '소설책 한 권 끝내기'를 한 후 시작하는 것을 추천한다. '모방은 창조의 어머니'라 했다. 많은 모방을 통해 내공이 쌓이면 문장을 갖고 놀 수 있게 된다.

23

필사 : 1일 1문장 긍정적인 문장을 필사하라

I know exactly what to do to achieve success.
나는 성공하기 위해서 무엇을 해야 하는지 정확히 알고 있다.

마인드튜닝과 2단계 훈련을 동시에 잡아라

매일 소설 한 권 뜯어 먹기를 하면서 동시에 진행할 수 있는 훈련을 소개한다. 바로 하루에 한 문장씩 필사하는 것이다. 그냥 문장이 아니라 긍정적인 문장이라야 한다. 왜 읽기 쓰기하고 있는 소설도 아니고, 유명한 고전도 아니고 긍정적인 문장일까? 우리는 영어공부를 하면서 수많은 부정적인 생각에 부딪히기 때문이다.

'이걸 한다고 되겠어?'

'이걸 왜 해야 하지?'

이런 부정적인 생각은 목표를 향한 의지를 꺾어 버린다. 그래서 이러한 부정적인 생각이 들어오지 않게 단단히 막아야 한다.

"긍정적인 문장은 당신의 생각 패턴을 바꾸고 당신이 생각하고 느끼는 방식을 바꾼다."

하지만 이것은 쉽지가 않다. 인생을 살다 보면 부정적인 마인드가 스멀스멀 우리 안에 자리 잡는다.

이런 열악한 환경에서 나의 긍정적인 마인드를 지키기 위해 긍정적인 문장을 필사할 필요가 있다. 영어 공부를 하는 중이니 이왕이면 영어로 써본다. 영어 구조도 익히고 좋은 영어 문장을 자기 것으로 만들 수 있다. 아무 공책이나 다이어리, 뭐든 괜찮다. 자신에게 들려주고 싶은 긍정적인 명언을 손으로 써서 자신의 몸에 각인시키는 것이 목적이다. 나도 매일 긍정적인 명언을 필사한다.

매일 긍정적인 명언 필사하기

오늘 내가 필사한 긍정적인 명언을 예시로 어떻게 내가 이 문장을 씹어먹는지 설명하겠다.

When you want something, all the universe conspires in helping you to achieve it.

당신이 무언가를 원할 때, 전 우주는 당신이 그것을 성취하도록 돕는 데 모두 협력한다

일단 이 문장을 먼저 소리튜닝 방법을 생각해서 읽어본다.

When you want something, all the universe conspires in helping
  d   d   D'   D'   D d   D'   D' d   D
you to achieve it.
  d d   D d

1. 영어의 발성, 호흡을 생각해서 d와 D로만 리듬을 느끼며 끊어지지 않게 소리 내본다.

2. 내용어들을 강세를 생각하며 정확한 발성과 호흡으로 소리 낸다.

3. 이제 그 리듬을 바탕으로 영어를 대입해서 읽어본다.

그런 후 종이에 이 문장을 소리 내면서 10번 이상 적는다. 그리고 머릿속에서 되뇌어본다. 그리고 자주자주 볼 수 있게끔 자신이 많이 사용하는 SNS에 포스팅해서 다른 사람들과 공유해도 좋다.

매일 긍정적 확언으로 마인드튜닝하기

긍정적인 마인드를 심는 또 다른 좋은 방법은 '긍정적 확언positive affirmation'을 하는 것이다. 긍정적이 확언은 자신에게 집중하는 것이다. 자신이 어떤 사람인지, 무엇을 하고 싶은지, 무엇을 갖고 싶은지에 대해 집중한다. 긍정적 확언의 문장을 쓸 때는 규칙이 있다.

처음에는 'I am~', 'I know~', 'I have~' 또는 'I love~' 등으로 시작한다. 반드시 현재 시제를 써야 하고 부정어를 쓰지 않는다. 이런 긍정적인 확언을 쓰면 그 자체도 재미있지만 무엇보다 그 날 하루를 좀 더 긍정적으로 살 수 있다 이것은 글로 쓰는 것도 좋지만 매일매일 거울을 보면서 자신에게 주문을 걸어 주는 것도 좋다.

원어민들조차 '긍정적 확언'을 쓰는 것을 어색해한다. 왜냐하면 평소에 잘 쓰지 않는 말투이기 때문이다. 그래서 그들도 처음엔 남이 써놓은 것을 따라 쓰다가 익숙해지면 자신이 원하는 것을 쓴다. 이 긍정적 확언은 한국어로 해도 좋겠지만, 영어로 익혀놓으면 더 좋다. 원어민들이 많이 쓰는 긍정적 확언 표현을 먼저 알아두자.

I am confident and worthy. 나는 자신감 넘치고 가치 있습니다.

I am brave. I am smart. I am strong. 나는 용감하고 똑똑하고 강합니다.

I am loved. 나는 사랑받습니다.

I have the courage to keep going. 나는 계속 나아갈 용기가 있습니다.

I have an abundance of energy. 나는 엄청나게 많은 에너지가 있습니다.

Today is full of possibilities. 오늘은 가능성으로 가득 찼습니다.

이렇게 매일 자신에게 긍정적인 말을 들려주면 삶을 바라보는 방식이 바뀌고 결국 인생 자체가 바뀔 것이다. 게다가 영어까지 덤으로 얻는다. 매일매일 해보라. 긍정적 확언으로도 1단계와 2단계 훈련을 같이 한다.

I am confident and worthy.

d d   D   d   D

I am brave. I am smart. I am strong.

d d   D d d   D d d   D

I am loved.

d d   D

I have the courage to keep going.

d D d   D   d D'   D'

I have an abundance of energy.

d D d   D   d D

Today is full of possibilities.

   D   d D d   D

1. 영어의 발성, 호흡을 생각해서 d와 D로만 리듬을 느끼며 끊어지지 않게 소리 내어본다.

2. 내용어들을 강조를 생각하면 정확한 발성과 호흡으로 소리 낸다.

3. 이제 그 리듬을 바탕으로 영어를 대입해서 읽어본다.

4. 소리를 내가며 종이에 긍정적 확언을 3번씩 쓴다.

생각의 힘은 강하다. 안 된다고 생각하면 정말 그렇게 된다. NLP에서 늘 강조하는 말이 있다. 모든 생각은 'If you have a super power'에서부터 시작해야 한다. 우리는 보통 목표를 세울 때 'how'에 집중한다. '저게 어떻게 되겠어?' 하고 말이다.

하지만 모든 목표를 세울 때 '우리가 만약 수퍼 파워를 갖고 있다면'에서 시작한다면 우리는 더 이상 'how'에 집중하지 않는다. 자신이 이루고 싶은 'what'에 집중하게 된다. 우리의 생각에 계속 긍정적인 생각을 심어줘야 한다.

긍정적인 문장을 필사하고 입으로 소리 내서 계속 말하다 보면 우리의 생각도 점점 긍정적으로 변한다. 나라와 민족에 상관없이 전 세계 모든 사람들은 긍정적이고 행복해 보이는 사람들을 좋아한다. 불행해 보이고 부정적인 말만 하는 사람은 점점 멀리하게 된다.

긍정적 확언을 필사하고 또 자신이 만들어서 쓰다 보면, 익힌 단어나 어휘가 다 긍정적인 단어나 문장이 된다. 영어로 말할 때 자연스럽게 긍정적인 투로 말하게 된다. 한국어를 배운 외국인이 말할 때 긍정적인 단어를 잘 쓴다면 어떻겠는가? 마찬가지다. 긍정적인 단어와 문장을 익히면 원어민과 대화할 때 좀 더 호감 가는 사람이 될 수 있을 것이다.

거울을 보고 긍정적인 말을 되풀이하라

영어로 계속 긍정적인 문장을 연습하고 성공의 문장을 필사하면 내가 쓰는 영어의 어휘도 바뀐다. 언어는 자신의 생각을 표현하는 도구이다. 즉, 부정적인 생각만 하니까 쓰는 어휘나 언어도 부정적인 것이다. 긍정적인 생각을 하는 사람은 쓰는 형용사나 명사도 다 긍정적이다. 거의 부정어를 사용하지 않는다. 부정적인 사람조차 계속 긍정적인 말을 필사하면 점점 생각이 바뀌기 시작한다. 대부분 의식이 행동을 바꾸지만, 행동이 먼저 나가서 의식이 바뀔 수도 있다. 부정적인 사람이라도 계속 이런 긍정의 확언을 거울 보면서 해보고 긍정적인 명언도 필사하다 보면 점점 생각이 바뀐다.

무엇보다 우리가 쓰는 영어의 어휘나 문장이 항상 긍정적이라면 대화하는 상대방도 우리에게 조금 더 호감을 느낄 수 있다. 한국 사람이랑 대화해도 그렇지 않은가? 맨날 만나면 우는 소리 하고 부정적인 말만 하면 별로 자주 만나고 싶지 않다. 그런데 매일 밝고 행복한 미소를 짓고 긍정적인 말만 하는 사람과는 자주 만나고 싶고 친해지고 싶다. 마찬가지다. 원어민들도 우리가 쓰는 어휘나 언어가 긍정적이라고 느끼면 우리와 더 친하게 지내고 싶고 자주 만나고 싶어질 것이다.

24

표현 : 나만의 저널 만들기

To make small steps toward big goals is progress.
큰 목표를 향해 작은 걸음을 내딛는 것은 진전이다.

'아무 사전이나 외우기' 말고 '나만의 저널 만들기' 하라

"영어 잘하고 싶으면 영어 사전 다 외우세요!"

내가 최근 들었던 말 가운데 가장 황당한 말이다. 무슨 고시 공부를 하는가? 물론 단어를 많이 알고 표현을 많이 알면 도움이 되는 건 사실이다. 하지만 무턱대고 사전을 다 외운다고 말이 술술 나올까? 단어와 문장을 뉘앙스나 상황으로 파악하지 않고 그냥 외우면 딱 필요한 상황이 왔을 때 그 말이 생각나지 않는다. 고통스럽게 인내해서 사전 한 권을 다 외우면 성취감이야 있겠지만 여전히 말이 안 나와서 좌절할 것이다.

대부분 우리나라 사람들은 단어나 표현을 암기할 때 단어장에 단어를 빼곡히 써서 엄청난 양의 단어를 외운다. 우리가 아는 단어의 양은 미국 초등학생보다 훨씬 많을 것이다. 그럼에도 불구하고 미국 초등학생만큼 영어를 말하고 듣지 못한다. 이는 아는 단어나 표현이 부족해서가 아닌 것이다.

그렇다면 단어나 표현을 어떻게 기억하는 것이 효과적일까? 필자가 제안하는 최고의 방법은 '자신만의 저널을 만드는 것'이다. 나는 나만의 영어 표현 저널을 10년 이상 만들어왔다. 나의 서재에는 그동안 만든 저널이 수십 권 있다. 그동안 내가 익혔던 모든 영어와 러시아 표현이 고스란히 담겨있다. 나의 외국어 학습의 역사를 말해주는 것 같아서 보고 있으면 뿌듯하다. 나는 수강생들에게 항상 다이어리 크기의 수첩을 갖고 다니라고 한다. 이 저널집은 항상 나와 같이 다녀야 한다. 새로운 표현을 볼 때마다 자신의 저널집에 추가한다.

"이게 기존의 단어장과 뭐가 다른가요?"

보통 자신의 저널을 만들라고 하면, 이렇게 질문이 바로 나온다. 이 저널에는 'confess=자백하다' 식으로 쓰지 않는다. 그렇게 하는 것은 여러

분이 기존에 해온 단어장이다. 내가 만드는 저널은 새로운 표현이 포함

되어 있는 가능한 모든 상황을 다 정리한다.

나만의 저널 만드는 5단계

새로운 표현을 만나면 이 표현을 어떤 상황에서 어떻게 쓰는지 알기

위해 구글Google, 쿼라Quora, 레딧Reddit 등의 사이트에서 검색해본다. 특

히, 쿼라Quora나 레딧Reddit같은 사이트는 우리나라로 치면 네이버 지식인

이라고 할 수 있다. 그래서 일반인들이 질문이나 답을 자세히 올린다. 새

로운 표현을 검색하면 그 표현을 포함한 수십 개의 문장이 나온다. 유튜

브도 좋은 자료가 된다. 하나씩 입으로 중얼중얼 대면서 문장들을 읽어

본다. 그러면서 나름 어떤 상황에서 쓰는 표현인지 뉘앙스로 파악한다.

검색 결과를 3쪽까지만 읽어도 어느 상황에서 어떤 식으로 쓰이는지 감

이 잡힌다. 그리고 그 표현을 검색했을 때 뜨는 이미지 파일도 보자. 시

각적으로 보면 이해가 더 빠를 것이다.

그런 후 자신의 저널에 자신이 이해한 만큼 한국어로 그 표현을 묘사

한다. 가능한 구체적으로 상세하게 쓴다. 그런 다음 그 표현이 들어간 문

장들 중 가장 마음에 드는 문장 5개를 뽑아서 저널에 쓴다. 단, 그 표현이

포함된 문장만 쓰는 것이 아니다. 앞뒤 상황의 문장도 같이 써준다. 그래

야 상황으로 표현을 기억할 수 있다.

그런 다음 그 표현을 넣어서 나만의 문장을 만들어본다. 이 단계는 문

법적으로 틀릴 수도 있고 어색한 문장일 수도 있다. 처음에는 짧게 문장을 만들어도 좋다. 하지만 충분히 정확한 문장들을 모방한 후 창작하는 단계이기 때문에 큰 부담을 갖지 않아도 된다. 좀 틀리면 어떤가? 나만의 저널인데! 나중에 영어가 더 익숙하게 되었을 때 고치면 된다.

이 작업이 다 끝나고 나서 바로 문장들을 외우려고 애쓰지 말자. 그냥 저널을 닫는다. 그리고 다음날 새로운 표현을 쓰려고 저널을 펼칠 때 그 전에 써놨던 것들을 또 '중얼중얼' 읽어본다. 친구랑 만나기로 했는데 친구가 늦으면 화내지 말고 조용히 저널을 책 보듯이 한 장 한 장 읽어라. 표현암기는 계속 반복적으로 보고 중얼거려서 완성하는 것이다.

외국어는 반복이다. 반복적으로 표현을 입으로 소리 내서 읽으면 어느 순간 상황에 맞는 그 표현이 내 입밖으로 나온다. 모든 문장을 'I am find, thank you, and you?'처럼 만들어야 한다. 내 입에 딱 붙어서 나도 모르게 나오게 만들어야 한다.

① 새로운 표현을 발견하면 해외 사이트에서 검색해본다.

② 표현이 쓰인 문장들을 보고 그 표현이 쓰이는 뉘앙스나 상황을 추측해본다.

③ 검색하여 나온 문장 중 마음에 드는 문장을 5개 정도 필사한다.

④ 그 표현을 써서 나만의 문장을 만들어본다.

⑤ 그날은 일단 덮고 나중에 기회가 생기면 다시 들춰본다.

저널 한 권 완성될 때마다 영어 표현도 완성되어 간다

저널 만드는 방법 예시를 보여주겠다. 새로운 문장을 보면 그냥 보고 넘어가는 것이 아니라 저널에 포함시키는 것이다.

Get one's Goat

자, 이제 구글 혹은 그 이외 본인이 쓰는 미국 서치 엔진에서 이 단어를 쳐보자. 보통 one's라고 하면 잘 안 나오니, my, your, his, her 등 다양하게 넣어보자. 그리고 하나씩 관련 문장들을 읽어본다. 영영 사전도 한 번 읽어본다. 그리고 대충 의미를 파악해본다. 사전에도 다양한 예문이 많이 나온다.

그런 후 자신이 이해한 만큼 의미를 써본다.

Get your goat

'염소는 평화의 상징인데 당신의 평화를 가져가는 거니까 화나고 짜증난다는 표현이다. 어원은 예전에 말 경기를 할 때 선수들은 자신의 말이 편안함을 느끼게끔 염소를 말 옆에 두었다고 한다. 그런데 다른 사람의 염소를 가져가면, 그 사람의 말은 긴장하게 될 것이다. 그때 그 선수의 마음은 화나고 짜증날 것이다.'

이런 식으로 자신이 이해한 만큼 표현에 대한 모든 정보를 다 써놓는다. 그런 후 마음에 드는 표현들을 하나씩 읽어보고 5개 정도 써본다.

1. These queues at the post office really get my goat. I've been waiting for half and hour!

우체국의 긴 줄은 나를 정말 짜증나게 해. 나 1시간 반이나 기다렸어!

2. I don't believe it! I've got a parking ticket! Traffic wardens really get my goat!

믿을 수가 없어! 내가 주차 위반 딱지를 받다니! 주차 단속인이 나를 정말 짜증나게 해!

3. These calls from people selling insurance get my goat. They've rung seven times already this morning.

보험 팔려는 사람들의 전화가 나를 정말 짜증나게 해. 오늘 아침에만 벌써 7번 전화 왔어.

4. Don't let him bother you!, he's just trying to get your goat.

개가 괴롭히지 못하게 해! 걔는 그냥 너 짜증나게 하려고 그러는 거야.

5. A mother and daughter are talking...

M: Why are you so upset? 왜 그렇게 화났어?

D: It's Tim. He's always teasing me and it makes so angry.

   팀 때문에. 그가 항상 나를 놀려. 그래서 나를 화나게 해.

M: Perhaps you shouldn't let your brother get your goat like that.

   아마도, 네 오빠가 너를 그렇게 짜증나게 굴게 내버려두면 안 되지.

D: How? 어떻게?

M: You could just try to ignore him when he starts teasing.

   오빠가 널 놀리려고 시작하면, 그냥 무시하려고 노력해볼 수 있지.

이렇게 저널에 써두고 그냥 덮는다. 그리고 다음날 다른 걸 쓰기 전에 다시 한 번 읽어 본다. 그리고 다음 날엔 한국어를 보고 영어로 말해본 다. 영어는 왕도는 이것이다. 계속 눈으로 보고 소리로 들려주고 입으로 중얼중얼 해봐야 실제 상황에서 자연스럽게 나온다.

표현을 완성하는 비법은 꾸준함이다. 새로운 영어 표현이나 단어를 꾸 준히 나만의 저널에 추가해서 표현을 완성하자.

25

말하기 : 길게 유창하게 말하려면 블록을 쌓아라

I am grateful for all my skills and talents that serve me so well.
나는 나에게 도움이 되는 나의 모든 기술과 재능에 감사한다.

의미단위 블록을 쌓아라

"한 문장 내에서 길게 영어를 생각해서 말하기가 어려워요. 일단 말할 때 숨도 딸리지만 어떻게 길게 계속 말하는 건지 모르겠어요."

이런 고민을 하는가? 아는 표현도 많고 단어도 많은데 길게 말하기 힘들다면 당신은 아직 '의미단위' 블록을 쌓을 줄 모르는 것이다. 의미를 이루는 단위 말이다.

어렸을 때 레고 블록 쌓기 놀이를 해보았는가? 형형색색의 레고블록을 자신의 원하는 모양으로 층층이 쌓아 올린다. 같은 블록이지만 어떻게 쌓느냐에 따라 완전히 다른 모양이 완성된다.

영어 역시 그렇다. '의미단위' 블록을 원하는 대로 여기저기 쌓고 붙여 말이 완성된다. 이 레고 블록을 높이 쌓아 올리는 사람이, 영어를 길게 말하는 사람이다.

의미단위 블록은 중요한 표현부터 쌓아 올라가라

'의미단위' 블록을 어떤 순서로 어떻게 쌓아야 하는지부터 알아야 한다. 영어는 한국어와 달리 단도직입적이다. 원하는 것을 확실히 말한다. 빙 둘러서 말하지 않는다. 그래서 영어로 말할 때 자신이 말하고 싶은 가장 중요한 레고부터 쌓아준다. 문장의 뒤로 갈수록 점점 덜 중요한 것이라고 생각하면 된다.

이게 한국어와 영어의 큰 차이점 중에 하나이다. 우리는 끝까지 들어봐야 '싫은지 좋은지' 알 수 있다. 하지만 영어는 처음부터 싫다는 것을 먼저 밝힌다.

자, 그럼 실제 회화 문장을 갖고 설명하겠다.

How about we meet tomorrow at this place called Champion Mall?

우리 내일 챔피온 몰이라고 불리는 이 장소에서 만나는 게 어때?

이 문장에서 의미 블록은 크게 4개다.

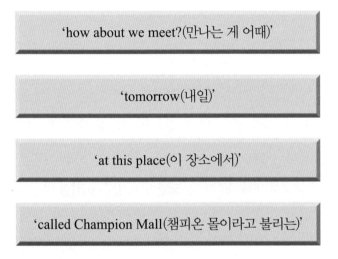

'how about we meet?(만나는 게 어때)'

'tomorrow(내일)'

'at this place(이 장소에서)'

'called Champion Mall(챔피온 몰이라고 불리는)'

일단 각각의 의미단위 블록을 먼저 만들 줄 알아야 한다. 아직 의미단위 블록을 만들 줄 모른다면 앞의 훈련들을 더 하고 돌아오라. 의미단위 블록을 만들 줄 안다면 이제 블록을 순서에 맞춰 쌓아야 한다.

영어에서 블록을 쌓는 순서는 한국어와 정반대라고 생각하면 이해가 빠르다. 저 문장을 한국어로 해석하면 'Champion Mall'이라고 불리는 장소에서 내일 만나는 게 어때?' 라는 뜻이 된다. 어떠한가? 한국어와 영어는 정말 달라도 너무 다르다.

그럼 이제부터 영어로 말할 때는 가장 핵심이 되는 중요한 말부터 해주겠다고 생각하자. 블록의 순서를 생각한다면 이 문제에서 가장 중요한 말은 무엇 같은가?

물론 '만나자!'고 말하는 것이다. 그러니 일단 만나자고 말하는 블록을 올린다. 이렇게 중요한 것이 무엇인지 하나씩 생각하다 보면 어느새 블록이 쌓여 있을 것이다. 블록을 어떻게 쌓았는지 그림으로 보여주겠다.

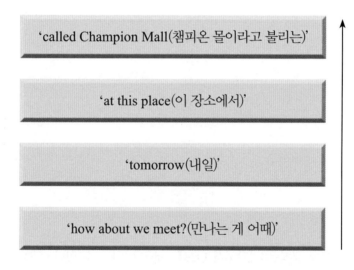

보다시피 위로 올라갈수록 덜 중요해진다. 제일 중요한 것은 내일 만나자고 말하는 것이다. 그래서 가장 먼저 쌓는다. 이런 식으로 레고 블록을 쌓다보면 점점 더 길어진다. 여기서 응용을 하자면 의미단위 블록을 다른 걸로 바꾸면 된다. 예를 들어, '내일' 대신에 '다음주'라고 하던지 '이 장소' 대신에 '저번에 만났던 곳'으로 바꿀 수 있다. 그렇게 레고 블록을 바꾸면 이런 문장이 된다.

How about we meet next week at the place we met last time?
우리 다음주에 저번에 만났던 그 장소에서 만나는게 어때?

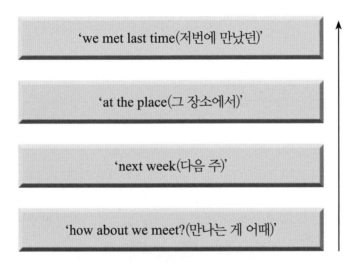

처음부터 문장을 생각해서 만드는 것은 어려울 수 있다. 하지만 이미 있는 의미단위 블록을 다른 것을 조금씩 바꾸는 연습은 쉽고 재미있게 할 수 있다. 그렇게 계속 연습하면, 문장의 구조나 간단한 문법 같은 것도 자연스럽게 익힐 수 있게 된다.

블록 바꾸기 놀이로 표현을 늘려라

본인에게 레고블록의 개수가 많으면 많을수록 만들 수 있는 표현도 많아진다. 레고블록도 가격에 따라서 들어있는 개수가 다르다. 아무래도 블록 개수가 많을수록 상상력을 발휘해서 더 많은 창작물들을 만들 수 있지 않겠는가? 그래서 블록 쌓기를 연습하기 전에 의미단위 블록의 개수를 많이 늘려놓는 것이 가장 중요하다.

블록 쌓기가 익숙해지면 꼬리에 꼬리를 물듯 계속 이어나갈 수 있다. 일단 처음 연습할 때는 핵심적인 주요한 말을 짧게 짧게 말하는 연습을 하는 것이 좋다. 그런 훈련이 익숙해지면 점점 어울리는 블록을 하나씩 붙여주는 것이다.

생각하면서 말하기는 그냥 입에 붙은 문장을 말하는 것보다 훨씬 윗단계이다. 우리가 원하는 영어의 최종단계는 자신이 하고 싶은 말을 끊임없이 조근조근 말하는 것이지 않나 싶다. 그 단계까지 가기 위해서는 의미단위 블록으로 꼬리에 꼬리를 무는 훈련이 필수적이다.

앞으로 새로운 영어 문장을 보면, 의미단위로 끊고 다른 의미단위 블록으로 바꿔치기하는 연습을 해보자. 당신의 영어 세포가 꼬리의 꼬리를 물며 엄청나게 성장해 있을 것이다.

영알못 영어천재 되는 팁 12

중요한 것부터 말하라

영어를 말할 때 머릿속에 갖고 있어야 하는 생각은 '중요한 것부터 말해주겠다'는 마인드다. 일단 자신이 말하고자 하는 내용에서 가장 중요한 것부터 말해주고 그 다음부터 천천히 생각하면서 그 다음 중요한 순서대로 말해준다. 이것이 길게 말하기의 핵심이다.

26

스피치 : 성공한 사람들의 영어 스피치를 듣고 따라 하라

The universe is filled with endless opportunities for me and my career.
우주는 나 자신과 나의 일을 위한 끝없는 기회로 가득 차 있다.

영어로 성공 마인드를 배워라

"Knowing is not enough! You must take action."
아는 것으로는 부족하다! 행동을 취해야 한다.

이런 문장을 보거나 들으면 어떤 느낌이 드는가? 당장 일어나서 뭐라도 해야 할 거 같지 않은가? 이 문장은 『내 안에 잠든 거인을 깨워라』의 저자 '토니 로빈스Tony Robbins'가 한 말이다. 내가 독자 여러분에게 하고 싶은 말이기도 하다.

미국은 특히 자기계발이나 동기부여 같은 분야가 많이 발달되어 있다. 이 분야의 책이나 강연 또는 세미나는 셀 수 없이 많다. 그 많은 것들 중 우리나라에 번역되는 것은 일부분이다. 자기계발서나 동기부여 책을 원서로 읽는 것은 당연히 영어 실력에도 도움이 된다.

그래서 나는 매번 아마존에서 관련 책들을 대량 구매한다. 내가 특히 원서로 읽는 것을 좋아하는 이유는 한마디 한마디가 주옥같기 때문이다. 소설과 달리 내용 파악이 중요한 것이 아니다. 작가가 여기서 왜 하필 이 단어를 골랐을까? 이 맥락과 비슷한 수많은 단어 중에 저자가 이 단어를 고른 이유가 있을 것이다. 번역본으로 보면 그런 것을 느낄 수가 없다. 게다가 번역을 하다 보면 번역가의 생각이 들어갈 수밖에 없다. 나는 원석 그대로를 보고 싶은 것이다.

게다가 어떤 단어나 표현은 한국어로 딱 매치되지 않는 것이 있다. 그래서 번역본으로 보면 이 저자가 여기서 나에게 진짜 해주고 싶은 말을 놓칠 수가 있다. 그래서 나는 원서에 밑줄 쳐가면서 단어 하나하나, 표현 하나하나를 디테일하게 읽으면서 음미한다. 그러면 감동이 훨씬 더 크고 내 안에 깊은 울림을 느낀다.

최근엔 나 혼자만 이런 감동을 받는 게 아까워서 '영어로 배우는 성공 마인드'라는 이름으로 유튜브 채널을 만들었다. 그냥 내가 혼자 읽으면서 감동하는 모습 그대로를 찍어서 올린다. 좋은 문장을 같이 공유하면서 성장하고 싶은 마음에서 시작했다. 나는 이런 성공 법칙이나 동기부여 책을 읽으면 내가 살아 있는 느낌이 든다. 그리고 성장하는 기분이 들어서 좋다.

특히 이런 종류의 책들은 문장이 간단하고 명료하다. 그래서 이해하기도 쉽고 암기하기도 쉽다. 나는 이런 책들의 문장을 거의 암기하다시피 한다. 왜냐하면 그 내용을 숙지하고 내 것으로 만들어야 나의 행동이 바뀌기 때문이다. 그러니 일석이조인 셈이다. 영어도 배우고 성공의 법칙도 배우니 말이다.

특히 혹독한 훈련을 할 때 이런 종류의 책들을 같이 읽으면 금상첨화다. 하루에 딱 한 페이지씩 읽고 중요한 내용은 필사하는 것이다. 하루에 많이 읽을 필요도 없다. 어차피 소설처럼 앞으로의 스토리가 궁금한 것도 아니다. 모든 페이지의 말들이 주옥같다. 그러니 하루에 그냥 한 페이지씩 영어로 된 성공 문장들을 하나하나 음미하는 것이다. 그 성공 법칙 문장들이 당신의 포기하고 싶은 마음을 잡아줄 것이다.

나는 매일 우리 수강생들에게 내 유튜브 영상을 보내주고 그 밖에 내가 봤던 주옥같은 문장들을 보내준다. 확실히 그렇게 하면 눈빛이 더 반짝거린다.

책만큼이나 도움이 되는 것이 그런 종류의 유튜브 동영상이다. 아무래도 책보다 감동이 더 크다. 목소리, 음악, 시각적 효과까지 더해주니 가슴의 울림이 훨씬 크다. 그리고 유명한 동기부여 강연가들의 강연을 볼 수도 있다. 책을 읽으면 다 있는 말이지만 확실히 음성으로 들으면 더 가슴에 새겨진다. 그러나 영어 습득 1단계를 끝내지 않았다면 잘 안 들릴 것이다. 하지만 1단계를 끝내고 들으면 모든 문장과 숨소리가 다 들릴 것이다. 그러니 이런 것들은 1단계가 끝난 후 즐기자.

TED로 스피치 능력을 배워라

영한 자막도 있고 좋은 말과 그 외 다른 분야의 지식들을 배울 수 있는 좋은 영상이 있다. 바로 TED다. TED는 우리나라로 치면 '세상을 바꾸는 시간', 줄여서 '세바시'의 미국 버전이다. 유명한 사람들만 나오는 것이 아니라 여러 다양한 분야의 일반 사람들이 자신의 분야에 대해서 발표하는 형식이다.

TED는 정말 최고의 영어 교재다. 일단 영어 자막뿐만 아니라 한국어 자막도 제공된다. 게다가 다양한 분야의 훌륭한 내용을 영어로 다 배울 수 있다. 무엇보다 발표시간이 길지 않아서 짧은 시간 동안 다양한 분야를 영어로 배울 수 있다는 장점이 있다. 게다가 TED 공식 홈페이지에 들어가면 들어볼 수 있는 강연이 주제별로 되어 있다. 자신이 관심 있는 분야부터 1단계 2단계 훈련을 해주면 주제별로 전문가가 되는 3단계 훈련을 준비할 수 있게 된다.

TED를 보면서 배울 수 있는 것이 또 있다. 바로 스피치 능력이다. TED에 나오는 사람들 대부분이 일반인임에도 불구하고 스피치 실력이 다들 수준급이다. 1단계를 끝냈다면 당신도 충분히 스피치할 수 있다. 스피치할 자리가 없더라도 준비하는 것 자체만으로도 동기부여가 되고 영어 실력은 물론 스피치 능력까지 키울 수 있다.

1. 각 문장을 내용어와 기능어로 구분해서 리듬을 느낀다.
2. 내용어들을 강세를 정확히 지켜서 발성과 함께 제대로 소리 낸다.
3. 연습한 리듬에 영어를 입혀서 약간 과장되게 소리 낸다.
4. 연사의 소리를 들으면서 입에서 편하게 나올 때까지 따라 한다.
5. 소리를 반복적으로 들으면서 종이에 필사한다.
6. 한글 보고 튜닝한 영어 소리로 말하는 연습을 한다.
7. 거울 보고 연사의 감정과 표정을 따라서 말한다.

TED처럼 10분 내외로 준비한다. 스피치 대본은 TED나 유명한 강연가 또는 정치인들의 스피치 대본을 모델링한다. 그래서 그들의 감정, 호흡, 손짓, 입 모양까지 다 따라 한다. 그렇게 스피치를 준비하다 보면 그들의 성공 마인드와 말을 가슴 깊게 새기게 되고 자신이 그 주제의 강연가가 된 것 같은 착각이 든다. 영어와 성공마인드 그리고 스피치까지 익히게 되니 1석 3조인 셈이다. '1단계 6세 톰 따라 하기'를 완수하고 나서 자신의 성공 마인드 스피치를 비디오로 찍어보길 바란다. 엄청난 변화를 느낄 것이다.

TEDTechnongy, Entertainment, Design는 미국의 비영리재단에서 운영하는 강연회이다. '알릴 가치가 있는 아이디어Ideas worth spreading'가 모토이다.

TED 공식 홈페이지에 가면 수만 개의 10분 내외 영상들이 당신을 기다리고 있다. 영어 자막과 한국어 자막뿐만 아니라 전 세계 거의 모든 언어의 자막까지 다 있다. 감명 깊고 유익한 내용을 듣고 배우면서 영어까지 공부하니 최고의 교재라 할 수 있다.

최근에 봤던 영상 중에 가장 인상 깊었던 TED 영상을 소개하고자 한다. 이 영상은 병으로 다리를 잃게 된 연사가 어떻게 운명을 극복하고 어떻게 세상을 다시 바라보게 됐는지에 대한 내용이다. 그래서 제목이 한계를 뛰어넘어 사는 것이다. 영상에서 저자는 울면서 자신의 메시지를 전한다. 이 영상을 씹어먹는 방법은 동일하다.

<Living beyond limits> by Amy Purdy -

Eleven years ago, when I lost my legs, I had no idea what to expect. But if you ask me today, if I would ever want to change my situation, I would have to say no. Because my legs haven't disabled me, if anything they've enabled me. They've forced me to rely on my imaginations to believe in the possibilities, and that's why I believe that our imaginations can be used as tools for breaking through borders, because in our minds, we can do anything and we can be anything.

It's believing in those dreams and facing our fears head-on that allows us to live our lives beyond our limits. And although today is about innovation without borders, I have to say that in my life, innovation has only been possible because of my borders. I've learned that borders are where the actual ends, but also where the imagination and the story begins.

So the thought that I would like to challenge you with today is that maybe instead of looking at our challenges and our limitations as something negative or bad, we can begin to look at them as blessings, magnificent gifts that can be used to ignite our imaginations and help us go further than we ever knew we could go. It's not about breaking down borders. It's about pushing off of them and seeing what amazing places they might bring us. Thank you.

11년 전 제가 두 다리를 잃었을 때 저는 앞이 막막했어요. 그렇지만 만약 오늘 여러분들께서 제게 다리를 잃기 전으로 돌아가고 싶지 않냐고 물어보신다면 전 '아니오.'라고 대답해야 할 것 같군요. 왜냐하면 두 다리를 잃어버린 것은 저를 마비시키지 못했고 오히려 저를 성장하게 만들었기 때문입니다. 그로 인해서 저는 제가 가진 상상력에 의지하는 법을 배웠고 새로운 가능성을 믿고 도전할 수 있었습니다. 그래서 저는 우리의 상상력이 우리의 한계를 넘어설 수 있게 해 주는 유용한 도구로 사용될 수 있다고 믿습니다. 왜냐하면 우리의 마음속에서 우리는 무엇이든 할 수 있고 무엇이든 될 수 있기 때문입니다.

그런 꿈들을 믿고 두려움에 당당히 맞서야만 우리의 한계를 넘어 우리가 꿈꾸는 삶을 살 수 있다고 저는 믿습니다. 요즘의 사회는 한계가 없는 혁신을 논하는 사회이지만 저는 제 삶에 있어서 혁신은 오직 저의 한계가 있었기 때문에 가능했다고 말씀드리고 싶습니다. 제가 배운 것은 한 계란 현실에서 부딪히는 끝이기도 하지만 상상력과 새로운 이야기가 시작되는 출발점이기도 하다는 것입니다.

오늘 여러분들께 감히 말씀드리고 싶은 것은 힘겨운 상황과 한계를 어떤 부정적인 것이나 나쁜 것으로 보지 말고, 대신에 그것들을 축복으로 바라보자는 것입니다. 우리의 상상력에 날개를 달아줘서 우리가 할 수 있을 것이라고는 생각지도 못했던 것을 이룰 수 있도록 돕는 크나큰 선물로 말입니다. 우리의 한계를 부정하고 없애려고 할 것이 아니라 한계를 인정하고 넘어섰을 때 그 한계 너머의 상상력이 가져다주는 놀라운 세계를 체험해 보셨으면 좋겠습니다. 감사합니다.

스피치를 완성하는 순간 영어가 레벨업!

내가 미국에서 잠깐 칼리지 수업을 들었을 때 스피치 과목을 이수했다. 수업의 마지막 날 자신이 정한 주제를 갖고 많은 학생들 앞에서 발표를 해야 했다. 수업 과정 내내 스피치를 위한 준비를 한다. 스피치 주제를 정하고 대본을 만들고 다듬는다.

기말고사는 1학기 내내 준비한 스피치를 발표하는 것이었다. 나는 너무 떨렸다. 모든 한국인이 그렇겠지만 내 평생 많은 사람들 앞에서 연설을 해본 적도 없고, 게다가 청중이 다 미국인이었다. 미국인들 앞에서 영어로 연설을 해야 한다는 것 자체가 부담이었다.

나는 다른 모든 과목을 다 버리고 오로지 이 수업에 매달렸다. 밤을 새워 대본을 외우고 거울을 보면서 표정, 손짓, 몸짓까지 모두 다 연습했다. 일단 그들이 잘 알아들을 수 있도록 각 문장마다 영어식 호흡, 발성, 리듬법, 입 모양까지 생각해서 하나하나 디테일하게 준비했다. 결과는 성공적이었다. 나는 많은 미국 학생들 사이에서 당당히 A학점을 받았다. 이 경험이 나의 영어를 한 단계 더 레벨업시켰다.

27

아이디어 : 주제별 키워드 블록 만들기

I am always open minded and eager to explore new avenues to success.
나는 항상 열린 마음이고 성공을 위한 새로운 길을 탐험하고 싶다.

문장과 문장을 이어 길게 말하려면 한국어부터?

'얘들은 왜 이렇게 말이 많지?'

원어민들과 이야기하다 보면 이런 생각이 들 때가 자주 있다. 이것도
문화와 민족의 차이겠지만, 우리나라 사람들은 길게 말하는 것이 익숙하
지 않다.

"좋아하는 영화가 뭐예요?"

"액션 영화요."

"왜 액션 영화 좋아해요?"

"그냥 재미있어서요."

내가 수업시간에 수강생 분들에게 물어보면 보통 나오는 대답이다. 우리나라 사람들은 참 단답형이다. 어떤 주제에 대해 말할 때 길게 말하지 않는다.

원어민들과 대화를 할 때 할 말이 생각이 안 나고 길게 말을 못하는 것은 영어를 못해서가 아니다. 할 말이 없는 것이다. 그 주제에 대해서 3문장 이상 한국어로도 말을 못하는데 영어로 어떻게 말하겠는가?

"원어민들처럼 길게 유창하게 말하고 싶어요."

자신이 한국어로 말할 때 길게 말하는지 돌아보라. 우리의 문제는 비단 영어 실력이 아니다. 우리는 한국어로도 길게 말하는 능력이 부족하다. 하지만 간혹 수강생분들 가운데 질문을 했을 때 길고 유창하게 한국어로 말씀하시는 분들이 있다. 이런 분들은 보통 영어로도 그렇게 말한다. 그래서 외국어를 잘하려면 모국어가 유창해야 한다.

"아니, 모국어가 다들 유창하지. 무슨 말씀이세요?"

이런 질문이 나올 수도 있겠지만, 모든 사람들의 모국어 수준이 다 똑같지는 않다. 간혹 책도 많이 읽고 한국어로 말할 때도 여러 방식으로 다양하게 표현하시는 분들이 있다. 이런 분들은 영어 표현만 조금 익히시면 바로 유창하고 길게 말한다.

우리는 생각보다 영어를 그렇게 못하지 않는다. 한글로 만들어진 스토리를 보고 영어로 말하라고 하면 고등 교육을 받은 대부분의 학생들은 나름 영어로 만들어낸다. 스토리만 있으면 3문장 이상도 거뜬히 말을 한다. 그런데 스토리 없이 주제에 대해서 말하라고 하면 단답형으로 짧게 대답한다.

왜 이런 차이가 있는 것일까?

교육과 시험 시스템의 차이가 아닌가 싶다. 우리는 시험을 볼 때 보통 객관식 또는 단답형으로 대답했다. 항상 시험 문제는 '단답형으로 서술하시오.'라고 되어 있다. 즉, 단답형으로 말하도록 트레이닝됐다. 그에 비해 미국이나 기타 선진국들의 학교 시험을 보면 보통 '논의하시오'라고 쓰여 있다. 자신의 생각을 길게 말하도록 훈련됐다. 그러니 우리가 영어로 말할 때 길게 말을 못하는 것이다.

나만의 키워드 블록을 만들어 그때그때 꺼내쓰기

하지만 이제 와서 한국어부터 다시 배울 수도 없는 노릇이다. 그렇다면 길고 유창하게 영어로 말하려면 어떻게 해야 할까? 내가 추천하는 방법은 자신의 '키워드 블록'을 만들어놓는 것이다. 즉, 말할 거리를 좀 만들어놓아야 한다. 키워드마다 자신이 생각하는 스토리를 보편적인 언어로 만들어놓는다. 그래서 언제 어디서든 그 키워드를 말할 상황이 생기면 혹 하고 나가는 것이다. 그렇게 주제별로 몇 개씩 만들어놓으면 영어로 길게 말하는 데 자신감이 생길 것이다.

영어 키워드 블록을 만드는 방법을 구체적으로 설명하겠다.

① 키워드에 대해 한국어로 써본다

한 키워드 블록은 기본 3문장에서 5문장 정도로 구성한다. 이야기를 만들 때, 가능한 모든 이야기의 흐름이 유기적으로 이어지도록 구성한다. 이야기의 내용은 너무 한 곳에서만 쓸 수 있는 특별한 방법을 쓰지 않는다. 어디에서도 웬만하면 잘 어울리는 보편적인 내용을 쓴다.

예를 들어, '카페'라는 키워드를 생각해보자. 자신이 카페를 자주 가는데, 자주 가는 카페가 왜 좋은지 스토리 라인을 만들어보는 것이다. 먼저 영어로 만들기 전에 좋아하는 카페를 생각하며 거기가 왜 좋은지 간략하게 메모해 본다.

카페가 좋아 - 유명한 곳은 아닌데 커피가 맛있다/ 서비스도 빠르다/ 친절하다

② 아이디어를 조금 더 상세하게 풀어본다

이렇게 메모를 했으면, 그 다음에는 이 아이디어를 갖고 상세하게 표현해보자. 3문장에서 5문장을 만들어야 한다.

장소 입구 쪽에 작은 카페가 있어. 그렇게 유명하진 않은데 커피가 맛있고 서비스가 빨라. 내가 그 카페를 좋아하는 가장 큰 이유는 거기서 일하는 사람들 때문이야. 항상 친절하고 좋아. 사실 거기 방문하면 편안해.

이렇게 상세하게 자신의 느끼는 바를 한국어로 좀 더 상세하게 적어본다. 이런 식으로 계속 연습하면 점점 길게 말하는 능력이 생긴다. 처음에 영어 말하기를 시작할 때 아이디어가 없으면 이렇게 계속 아이디어를 확장하는 훈련을 해야 한다.

③ 만든 문장을 영어로 만든다

일단 위의 한국어 표현을 자신의 영어를 사용해서 말해보자. 이미 언어 학습 2단계를 끝낸 사람들은 이런 영작이 별로 어렵지 않을 것이다. 위의 내용을 영어로 하면 아래와 같다.

There is a small cafe at the entrance of 장소, It's not that popular but the coffee is nice and service is super fast. One of the main reason why I like to stop by is because of the people who work there. They're always nice and gentle. In fact, I actually feel relaxed and comfortable on my visit there.

어떠한가? 자신이 생각했던 내용과 비슷한가? 달라도 상관없다. 말에는 답이 없다. 여기서 키워드 블록을 만들 때 '장소'라고 하는 것은 언제 어디서든 쓰기 위해서다. 이렇게 만들어놓고 영어 리듬, 호흡, 발성을 생각해서 앞서 3장에서 배운 소리 훈련 연습을 한다. 그리고 한글을 보고 영어로 빠르게 말하기 연습을 한다.

키워드를 툭 누르면 훅 나올 정도로 연습하라

이렇게 좋은 소리로 만들어 놓은 블록이 점점 많아질 것이다. 그럼 언제 어디서든 '카페'라는 키워드만 떠오르면 이 키워드가 갖고 있는 5문장이 훅 하고 나갈 것이다. 상상해보라. 원어민과 어떤 주제에 대해서 대화를 하는데 아주 좋은 소리로 5문장씩 훅훅 나가면 정말 잘하게 들린다. 이런 키워드를 가능한 많이 만들어놓는 것을 추천한다. 마치 머릿속에 키워드 데이터가 있고 필요할 때마다 꺼내 쓰는 느낌이다. 어느 정도 숙달되면 키워드 내용끼리 서로 응용도 된다.

만약에 원어민 친구가 갑자기 나에게 이 근처 괜찮은 레스토랑이 있는지 물어본다고 가정해보자. 그러면 이 키워드의 내용이 확 생각난다! 그러면 만들어놓은 5문장이 아주 유창하게 훅 나간다. 보편적이므로 웬만하면 다 어울린다. 어울리지 않는 단어는 조금씩 응용해서 바꾸면 된다. 그러면 이렇게 대답할 수 있다.

"Oh! Nice restaurants near here? There are so many... but ... if I had to pick one, I would recommend ABC restaurant! It's not that popular but the food is nice and service is super fast. One of the main reason why I like the restaurant is because of the people who work there. They're always nice and gentle. In fact, I actually feel relaxed and comfortable on my visit there. Oh~ I'm pretty sure you are going to like it.

이렇게 멋지게 훅 쓸 수 있다. 그렇게 모든 영어를 "I'm find, thank you, and you?"화 시켜야 한다. 이것이 무의식적인 체화 훈련이다.

그리고 어떤 주제에 대해서 말할 때는 만들어놓은 키워드로 블록 쌓기를 한다고 생각한다. 어떤 블록으로 어떻게 쌓을지는 본인 마음이다. 사실 이 '키워드 블록 쌓기'는 내 핵심 비법이다. 지금부터는 마음에 드는 키워드를 정해서 하나씩 멋진 블록을 만들어놓자. 그런 후 실제 대화할 때는 블록들을 주제에 맞춰 든든하게 쌓아주면 되는 것이다.

예전에 나의 오픽 수업에 미국에서 10년 동안 사업을 하셨던 분이 오셨다. 그분은 당연히 영어를 잘하셨다. 그런데 한국에서 취업하려고 오픽 시험을 봤는데 중간 점수 밖에 안 나왔다며 나름 충격을 받으셨다. 자신의 지인들에게 오픽 수업을 듣는다는 말도 창피해서 못하겠다고 하셨다. 그 분의 말하기 스타일을 진단해보니 전형적인 단답형 스타일이었다. 영어 소리는 너무 좋았다. 그 분은 키워드 블록을 만들어서 어느 정도 암기하고 바로 고득점을 받으셨다.

아래의 아이디어 키워드 블록으로 대답할 수 있는 무한의 질문을 생각해보자.

1. What's your favorite cafe?
2. Tell me about your favorite restaurant?
3. Where do you usually work out?
4. Tell me about your favorite shopping mall?
5. Tell me about the bank you usually go to?

이 아이디어 블록만 있으면 당신은 장소를 물어보는 거의 모든 질문에 대답이 가능해진다. 놀랍지 않은가? 이런 것들을 가능한 많이 만들어서 '영어 소리튜닝' 훈련으로 몸에 체화시켜놓는 것이다. 그러면 혹 튀어나올 수 있는 영어 문장이 통으로 나오게 된다.

28

의식 : 영어는 공부가 아니라 몸으로 하는 훈련이다

It's lack of faith that makes people afraid of meeting challenges,
and I believe in myself.
믿음이 부족하기 때문에 도전하길 두려워하는 바, 나는 스스로를 믿는다.

쓰지 않으면 언어 능력은 퇴화한다

최근에 러시아 친구인 알리야를 만났다. 그 친구도 러시아어와 영어가 유창해서 우리는 두 가지 언어를 섞어가면서 말하곤 했다. 오랜만에 만나 반가운 마음을 충분히 표현하고 싶었다. 그런데 말이 꼬이고 미국인이 러시아어 하는 느낌의 말이 나오는 것이 아닌가? 알리야도 나도 당황했다. 그리고는 그 친구가 나에게 러시아어로 말했다.

"너의 러시아어에 대체 무슨 일이 생긴 거니?"

"그러게! 그냥 영어로 하자."

우리는 웃으면서 다시 영어로 대화를 했다. 하지만 나는 속으로 충격을 받았다.

'아. 내가 요즘 러시아어를 너무 안 썼구나!'

나는 그날 바로 집에 와서 러시아 영화 세 편을 연속으로 내리 봤다. 이렇게 외국어는 속이 좁다. 참 야속하다. 조금만 신경 안 써주면 삐쳐서 가버린다. 그렇게 열심히 했어도 한 달 정도 사용하지 않으면 가물가물해진다.

물론 외국어 수준이 어느 정도 단계에 이르면, 영화 한 세 편 정도 연속해서 보면 다시 감각이 부활한다. 나는 요즘 영어를 가르치고 있고 영어에 대한 칼럼도 많이 쓰다 보니까 러시아어가 점점 후퇴한다. 그렇게 되지 않으려고 의식적으로 러시아어를 많이 듣고 말하려고 하는데 아무래도 쓰는 비율이 다르니 어쩔 수 없다. 항상 사랑해주고 애정을 표시해주어야 한다. 그러지 않으면 금방 잊어버린다. 마치 근육처럼, 쓰지 않으면 퇴화해버리는 것이다. 대체 왜 그럴까?

영어는 몸으로 하는 훈련이다

영어가 공부해서 지식을 쌓는 일이기만 했다면 우리나라 사람들은 전 세계에서 영어를 제일 잘했을 것이다. 책상에 오래 앉아서 공부하는 것만큼은 우리나라 사람들이 둘째가라면 서러운 분야일 테니까 말이다.

그러나 다국적 교육 기관 EF에듀케이션 퍼스트가 발표한 국가별 영어 능력 지수 보고서에 따르면, 2016년 기준 비영어권 70개국 가운데 우리나라는 27위다. 영어 사교육에 투자하는 비용을 생각하면 한심하기 짝이 없는 순위다.

세계 랭킹 1위는 스웨덴이다. 나는 스웨덴에 여행갔을 때 깜짝 놀랐다. 지나가는 아무에게나 영어로 물어봐도 유창하게 영어로 말을 했다. 심지어 할머니조차 영어로 말하는 것이 능숙했다. 영어로 말할 때 두려움이나 긴장감 따위는 전혀 보이지 않았다. 스웨덴 뿐아니라 네덜란드, 덴마크, 노르웨이, 핀란드 등의 나라는 자국어가 있음에도 영어를 잘한다.

어디서 이런 차이가 생기는 걸까?

간단하다. 환경 때문이다. 스웨덴은 인구가 적어 방송 프로그램을 자체적으로 제작하지 않는다. 대신 영미권에서 들여오는데, 이때 더빙을 하지 않고 자막만 입혀서 내보낸다. 유아용 콘텐츠도 마찬가지다. 그러나 아이들은 글을 모르기 때문에 소리와 장면에만 의존하여 상황을 이해해야 한다. 어릴 때부터 영어를 할 수밖에 없는 환경이다. 영어를 해야만 한다는 의식이 자리 잡는다. 영어가 공부로 인식되기 이전에 언어로서 받아들여지는 것이다. 더구나 이때 유아들은 영어에 노출되면서 영어 소리까지 습득한다.

그러나 대한민국에서 영어는 완전히 공부다. 단어 외우기, 문법 외우기, 빠르게 독해하기, 빠르게 문제풀기 순으로 공부한다. 학생 때 영어를 잘한다는 것은 잘 외우고 빨리 푼다는 말이다. 말하기를 하려면 머릿속에서 아는 단어를 하나씩 끄집어내 더듬더듬 끼워 맞출 수밖에 없다. 수강생 중 이런 사람들이 한둘이 아니다.

K씨는 명문대에 입학했다. 대학에서도 열심히 공부해 이제 취업을 하려고 하니 요즘은 영어 말하기 능력을 본다며 한숨을 쉬었다. 토익 점수는 980점에 수능 영어에서는 만점을 받았다고 한다. 아는 단어의 양이나 질도 수준급이었다. 그런데 머릿속에 있는 그 많은 단어들이 입밖으로 나오지 않았다. 처음에 자기소개를 편하게 시켜보았다. 말을 할 때 더듬더듬 자신이 알고 있는 단어를 머릿속에서 하나씩 끄집어내고 있었다. 그리곤 땅이 꺼져라 한숨을 쉬었다.

"선생님, 학교 다닐 때는 영어 말하기를 제대로 가르쳐주지도 않더니, 왜 취업하려고 하니까 잘하는지 평가하는 거죠? 이제 와서 어쩌라는 건지 답답해요. 이때까지 나름 열심히 잘 살았다고 자부했는데……."

K씨의 축 처진 어깨가 너무 안쓰러웠다. 이때까지 살면서 한 번도 제대로 놀아본 적도 없고 연애도 시간이 아까워서 안 해봤다고 했다. 그런데도 영어를 못해서 취업을 못하고 있었다. 나는 이 친구의 영어 말하기 이미지를 바꿔주고 싶었다. 영어도 편하고 즐거울 수 있다는 것을 알려주고 싶었다.

나와 함께 K씨는 영어 말하기 훈련을 시작했다. K의 얼굴에는 점점 자신감이 생기기 시작했다. 영어가 이렇게 즐거운 거였냐며 영어 말하기 훈련 자체를 즐기고 있었다. 수강생 K씨는 수업이 종료된 후 바로 영어 스피킹 시험을 봤고, 한 방에 고득점을 받았다.

영어는 단순하게 지식을 쌓는 공부가 아니다. 영어는 기술을 연마하는 훈련에 가깝다. 영어는 수영을 배우듯 해야 한다. 수영을 하는 법을 공부하고 연구한다고 수영을 잘하게 되는가? 수영장 가서 강사에게 기술을 배우고 계속 연습해야 한다. 수영하는 법이 몸에서 자연스럽게 체화될 때까지 훈련해야 한다.

영어도 마찬가지다. 영어로 말하고 쓸 때, to부정사의 무슨 용법을 쓰는 것이 맞는지 생각하며 말하는 것이 아니다. 상황과 뉘앙스에서 그 말의 쓰임을 생각하고 문장을 내 몸으로 체화시키는 것이다. 그래서 비슷한 상황이 왔을 때 나도 모르게 입에서 불쑥 나오게 한다. 마치 누군가 "How are you?"하고 물어보면 자신의 기분과 상관없이 "I'm fine, thank you, and you?"가 나오는 것처럼 다양한 문장을 상황 속에서 몸에 체화시켜야 한다.

영어를 훈련할 때는 눈으로만 봐서는 안 된다. 항상 입으로 중얼중얼거리고 손으로 써봐야 한다. 소리 규칙에 따라 입으로 계속 중얼중얼해줘서 내 몸이 그 문장을 리듬으로 기억하고 내 손이 그 문장을 기억한다. 이렇게 리듬으로 기억하면 눈으로 보고 머리로 암기하는 것보다 훨씬 빠르게 외워진다.

나는 문장 하나를 갖고 하루 종일 입으로 중얼중얼 하고 다닐 때도 있다. 그 표현이 입에서 편하게 느껴질 때까지 중얼거리는 것이다. 그런데 이걸 머리로만 기억해놓으면 절대 표현이 생각나지 않는다. 입으로 중얼거릴 때도 리듬으로 기억하지 않으면 잘 외워지지 않는다. 랩을 하듯 소리에 음악을 입혀주면 몸이 움직여지면서 표현이 입에 붙는다. 다시 말하지만 영어는 공부가 아니라 운동이고 훈련이다.

우리나라 교육은 영어를 점수 따는 공부로만 만든다

영어 성적에서 만점을 받았지만 입밖으로 영어는 나오지 않는다. 이쯤 되면 이것은 개인의 문제가 아니라 대한민국 영어 교육의 문제라 여겨진 다. 예전에 학원에서 외고 준비하는 학생들을 가르칠 때의 일이다. 외고 준비하는 학생들은 중학생치고 영어 실력이 출중하다. 그때 당시 그들을 가르치던 교재는 토플이나 텝스 같이 성인들이 공부하는 높은 수준의 것이었다. 학생들의 영어 수준은 매우 높았다. CNN뉴스도 한 번 들으면 무슨 말인지 알아들을 정도였다. 그런데 영어로 말은 전혀 하지 못했다. 외고 입시에서 말하기 능력은 평가하지 않았기 때문이다. 듣기 능력이 상위 0.1%인데 말하기 능력은 유치원생 수준이었다. 기가 막힐 노릇이다.

우리나라 사람들은 입시영어에 특히 강하다. 엉덩이 붙이고 오래 앉아서 암기하는 것에는 도가 텄다. 미국의 유수한 대학원에 입학하려면 봐야만 하는 문과는 'GRE', 이과는 'GMAT'이라는 시험이 있다. 이는 미국인들도 응시해야만 하는 시험이다. 우리나라 학생들은 이 시험 성적이 미국인들 보다 높은 편이다. 그래서 미국 대학원 입시 관계자들은 한국인의 점수를 믿지 않는다고 한다. 막상 대학원에 오면 말을 한마디도 못하기 때문이다. 지금도 늦지 않았다. 영어 소리튜닝부터 다시 시작하라.

이공계라서 영어를 안 해도 될까?

간혹 이공계 대학생들이 왜 자신들이 영어 공부를 해야 하냐며 푸념을 한다. 전공 공부하기도 힘들어 죽겠는데 영어까지 하려니까 짜증난다는 것이다. 하지만 나는 생각이 좀 다르다. 이공계 학생일수록 영어를 잘하면 정말 쭉쭉 뻗어나갈 수 있다.

그에 비해 '문과' 쪽 학생들이 영어를 잘하는 것은 거의 당연시되어서, 만약에 못하면 취업 자체가 힘들 수 있다. 하지만 이공계는 영어를 잘 하는 사람을 찾기가 힘드니 거기서 조금만 잘해도 날개를 다는 것이다. 게다가 해외 취업도 가능해진다.

우리나라 이공계는 해외에서도 인정해주는 편이다. 한국인들의 정교한 기술력은 전 세계적으로 인정받는다. 게다가 이공계 쪽은 변호사 같은 직업처럼 영어를 매우 솜씨 있게 잘할 필요가 없다. 기술이 중요하지 언어 자체가 그렇게 중요한 것이 아니다. 그 쪽 분야에서 실력이 있음에도 불구하고 영어를 못해서 국내에서만 일하는 것은 안타까운 일이다. 영어를 조금만 잘해도 갈 수 있는 길이 무궁무진해진다.

A successful individual typically sets
his next goal somewhat
but not too much above his last achievement.
In this way he steadily raises his level of aspiration.

성공한 사람들은 대개 지난번 성취한 것보다 다소 높게,
그러나 과하지 않게 다음 목표를 세운다.
이렇게 꾸준히 자신의 포부를 키워나간다.
– 커트 르윈

5장

이제 당신도 영어천재가 될 수 있다!

갓주아의 메시지 No.5 : 이제, 당신도 영어천재가 된다!

지금까지 설명한 소리튜닝과 영어 완전 정복 로드맵은 영어를 모국어로 둔 아기가 영어를 배우는 과정과 같다. 아기는 뱃속에서부터 부모의 목소리로 영어 음소를 뇌에 입력한다. 태어나자마자 발성, 호흡, 리듬, 입 모양을 체화한다. 말하기부터 시작해 제대로 듣기 시작하고, 글을 익히면서 읽고, 받아쓰기를 하다가 자신의 생각을 쓸 줄 알게 된다. 그리고 자신만의 표현으로 자유롭게 영어를 일상에서 쓴다.

갓 태어난 아기처럼, 6세 톰 따라잡기부터 시작하라. 당신이 10살, 20살, 30살, 40살, 50살이라도 상관없다. 학생, 주부, 직장인도 다 할 수 있다. 10년째 영알못으로 살았던 세월은 잊어라. 딱 100일 만에 당신도 영어천재가 된다!

지금 바로 소리튜닝을 시작하라!

그리고 2단계, 3단계 차곡차곡 앞으로 나아가면 된다.
결코 어렵지 않다. 당신이 영어천재가 되는 길은!

29

영어를 많이 읽고, 많이 말하라

Every day I discover interesting and exciting new paths to pursue.
매일 나는 추구할 만한 흥미로운 새로운 길을 발견한다.

더 깊은 언어 능력은 환경에서 나온다

"한국에 살면서 12세 이상 수준의 원어민 영어를 하는 것은 불가능한 가요?"

언어 습득 2단계까지 완성하고 나면 누구나 당연히 더 수준 높은 대화를 하고 싶어 한다. 지금부터 필요한 것은 영어의 기본 소리나 기본 문장이 아니라 지식이 필요한 단계이다. 즉, 기술이 아니라 그 나라에 관한 지식을 쌓아야 한다. 아무리 영어를 잘해도 그 나라의 문화, 역사, 경제,

정치를 모르면 미국인 12세 이상의 수준 높은 대화를 하는 것은 힘들다. 이런 이유로 외국인이 그 나라의 시대 풍자 코미디를 이해하는 것이 어려운 것이다. 간혹 영화를 봐도 '엇, 저기서 왜 다들 웃지?' 하는 경우도 있다. 문장만 봤을 때는 전혀 웃을 만한 것이 아닌데 말이다. 보통 그 나라 문화를 이해하지 못해서 생기는 현상이다.

보통 그 나라에서 거주하면서 교육을 받아야 3단계까지 완성할 수 있다. 하지만 한국에서 생업에 종사해야 하는 우리로서는 외국에서 교육받을 수도 없는 노릇이다.

한국 상식 공부하듯 조금씩 기본만 쌓아라

그렇다면 방법이 없을까? 한국에서도 환경을 똑같이 만들면 된다. 12세가 지난 후 아이들이 가장 많이 하는 활동은 엄청난 양의 독서이다. 그 나라의 문화, 경제, 역사 등은 책을 통해서 익혀야 한다. 이때부터 중요한 것은 한 권을 파고드는 것이 아니라 말 그대로 다독이다. 다양한 분야의 책을 가능한 많이 보면서 어휘를 익히고 지식을 쌓아야 한다. 그러면 미국인 초등학생 이상 수준의 영어를 구사할 수 있게 된다.

일단 자신이 가장 관심 있는 분야부터 원서로 읽는다. 본인이 알고 싶은 주제부터 하는 것이 재미있고 효율적이다. 자신의 전문 분야와 관련된다면 금상첨화이다. 아마 내용을 파악하는 것이 훨씬 편할 것이다. 책뿐만 아니라 신문이나 뉴스도 좋다. 신문이나 뉴스도 그 나라의 문화, 경제, 정치, 경제를 다 다루기 때문이다.

모든 미국인들이 다들 높은 수준의 대화를 할 수 있는 것은 아니다. 미국 같은 경우 평균 교육 수준이 우리나라만큼 높지도 않고 문맹률도 높은 편이다. 그래서 교육 수준에 따라 쓰는 어휘가 많이 다르다. 게다가 영어는 같은 말이라도 여러 가지 표현이 가능하다. 교육을 많이 받은 사람들은 일부러 조금 더 수준 높은 어휘를 골라 쓴다. 내가 미국에 있을 때 사람마다 다른 어휘 수준에 놀라곤 했다. 미국에서 유학할 때 알게 된 조쉬라는 친구는 영어를 모국어로 쓰고 있었다. 심지어 몇 권의 책을 낸 저자였는데도 영어 단어 카드를 가지고 다니면서 외우고는 했다.

교육받은 미국인 12세 이상의 영어 수준이 되려면 우리도 교육을 받아야 한다. 사실 기술의 발달로 우리가 한국에서 언어 습득 3단계까지 가는 것이 보다 쉽게 가능해졌다. 우리의 지식을 쌓게 해줄 무한의 재료들이 책, 인터넷, 신문 등에 즐비해 있다. 그리고 무료 교육도 참 많다.

하지만 우리가 모든 분야에 관심 있을 필요는 없다. 물론 박학다식한 건 좋지만 우리가 한국어 원어민이라고 우리나라 경제, 정치, 국제관계 등에 대해서 다 말할 수 있는 것은 아니지 않은가? 관심도 없는 분야까지

다 공부할 필요는 없다고 생각한다. 물론 "나는 원어민과 모든 분야에 대해서 조금씩은 다 말하고 싶어요." 라고 하면 모든 분야의 기초 이론서까지만 공부하면 된다. 지금부터는 그냥 평생 즐기면서 한국어로 지식 쌓듯이 하면 되는 것이다.

원어민을 두려워하지 마라

그리고 잊지 마라. 2단계까지 완료했다면 이제는 원어민과의 대화도 심도 있게 할 수 있는 단계다. 가능한 원어민과 대화할 수 있는 기회를 많이 만들어야 한다. 언어 습득 3단계에서는 그냥 회화하는 수준의 트레이닝을 하는 것이 아니라 구체적인 주제를 갖고 대화를 나누는 것이 좋다. 만약에 자신이 관심이 있는 분야가 비슷한 원어민 친구가 있다면 최고의 대화 상대이다.

그런데 국내에서 그런 원어민을 찾기 힘들다면, 요즘 많이 나오는 '화상 영어' 시스템을 이용할 것을 추천한다. 아무래도 '화상 영어' 시스템은 국내에 거주하는 원어민뿐만 아니라 자신의 나라에 거주하면서 용돈 벌이하는 사람들도 많기 때문에 수준 높은 원어민과 대화해볼 수 있다. 우리나라에서 이미 유명한 '튜터링' 같은 어플도 주제를 정하고 대화할 원어민도 내가 직접 선택할 수 있어서 좋다. 또한 전 세계 모든 사람들과 채팅할 수 있는 어플리케이션도 많이 있다. 기술의 발달로 외국어는 더 이상 그 나라에서 익힐 필요가 없어졌다. 그러니 내가 해외에 못나가서 영어를 못한다는 말은 변명이다. 국내에서 충분히 언어습득 1단계, 2단계, 3단계를 거치면 수준급 영어를 구사할 수 있다.

어렵게 생각 말고 하고 싶은 공부를 영어로 하라

그러므로 언어 습득 3단계부터는 딱히 훈련이라고 보기 힘들다. 다이어트로 치면 몸매를 이미 조각한 상태에서 계속 그 몸을 유지하도록 가끔 요가도 하고 필라테스도 배우고 하는 단계이다. 그냥 한국어로도 독서나 교육을 통해 새로운 지식을 쌓듯 하는 것이다. 즉, 이 단계에서는 굳이 하기 싫은 분야는 공부 안 해도 된다. 하지만 자신이 관심이 있는 주제에 대해서 공부하면 원어민들과 전문 어휘와 표현을 쓰며 심도 있는 대화도 나눌 수 있게 된다. 이 상태의 나의 모습을 눈을 감고 상상해보라. 어떠한가? 생각만 해도 짜릿하지 않은가!

외국 상식 쌓는 사이트 추천 : Khan Academy(칸 아카데미)

미국 교육 사이트 중에 'Khan Academy칸 아카데미'가 있다. 이 사이트는 거의 모든 분야의 강의를 무료로 제공한다.

Khan Academy의 대표가 맨 처음 수업 영상을 올린 것은 멀리 사는 조카에게 수학을 가르쳐주기 위해서였다. 유튜브에 수업 영상을 올린 것이 발단이 되었다. 지금은 빌 게이츠의 후원을 받으며 미국 교육의 새로운 역사를 쓰고 있다. 자신의 대학교도 설립했다.

이 아카데미에서는 각 분야의 전문가가 영어로 수학, 우주, 과학, 프로그래밍 등 다양한 주제로 올린 영상을 무료로 제공한다. 수업이 정말 재미있고 흥미롭다. 독자 여러분도 누구나 'Khan Academy' 사이트에 접속해서 원하는 분야의 교육을 영어로 들을 수 있다. 이런 주제의 수업을 영어로 듣게 되면 그 분야에서 많이 쓰이는 단어나 표현을 익히게 된다. 그리고 어떤 원어민과 그 분야에 대해서 대화할 때 나도 모르게 입에서 술술 나올 것이다.

지금 당장은 수업을 들을 때 '안 들리면 어떡하지?'라고 걱정할지도 모른다. 하지만 우리는 언어습득 2단계를 끝낸 사람들이다. 내가 장담할 수 있다. 전부 다 들릴 것이다. 물론 듣다가 간혹 처음들은 단어 표현이 있을 수 있다.

예를 들어 'Khan Academy'에서 우주에 관한 수업을 듣고 있는데, 'astrophysics'라는 단어가 나왔다고 하자. 언어 습득 2단계를 완료하면 모르는 뜻의 단어가 나와서 이해가 되지 않아도 소리를 듣고 대충 스펠링을 맞출 수 있다. 자신이 예상한 단어의 스펠링을 사전에서 찾아보자. 아마 완전 똑같은 단어의 스펠링을 맞추지 못했어도 비슷한 단어를 찾을 수 있을 것이다. 그리고 그 단어를 본인의 저널에 추가시키면 된다.

그런데 이런 걱정을 또 안 해도 되는 것이 'Khan Academy'에서는 영어 자막뿐만 아니라 거의 전 세계 모든 언어의 자막도 제공하고 있다. 영어 자막을 프린트해서 책 읽듯이 먼저 공부해보는 것도 좋은 방법이다.

30
딱 100일에 승부를 걸어라

There is no elevator to success. You have to take the stairs.
성공을 위한 승강기는 없다. 당신은 성공을 위해서 차근차근 계단을 올라야만 한다.

영어 공부는 계속하지 말고 짧게 끝내라

'계속 다이어트 하는 것 같은데, 왜 살이 안 빠지지?'

여러분의 영어도 비슷하지 않은가?

'계속 영어 공부하는데, 왜 영어를 못하지?'

답은 단순하다. '그저 계속'해서 그렇다! 다이어트든 영어든 '그저 계속'
하면 안된다. 딱 100일 만이라도 집중해야 한다. 그걸 못해서 우리는 '그저 계속' 다이어트 하고, '그저 계속' 영어 공부를 하고 있는 것이다.

나 또한 '다이어트 중인데!'라는 말을 항상 입에 달고 살았다. 담당 PT Personal Trainer는 나의 다이어트를 위해 구체적인 목표치와 운동법 그리고 하루에 먹어야 하는 음식까지 짜주었다. 하루에 운동은 반드시 2시간 이상 하고, 먹는 건 단백질쉐이크 아니면 닭 가슴살밖에 없었다. 나는 그걸 보자마자 한숨을 쉬며 말했다.

"이렇게 먹고 일이랑 운동을 어떻게 해요? 저 쓰러져요!"
"계속 이렇게 살라는 게 아니고 딱 3개월만 이렇게 하는 거예요."
"그냥 1년 잡고 조금씩 운동하고, 먹을 것도 적당히 먹으면서 하면 안 돼요?"
"그러면 변화를 잘 못 느껴서 대부분 중간에 좌절하고 포기해요."

나의 PT는 10년 경력의 베테랑이다. 그는 다이어트의 최고 방법은 100일 동안 혹독하게 운동하고 식단도 지켜서 살을 확 빼놓고, 그 다음엔 원하는 부위를 조각하고, 평생 그 몸으로 유지하는 것이라고 했다. 100일 동안 살을 확 빼놓으면 자신의 모습이 너무 멋있어서 이 상태를 꼭 유지하고 싶어진다고 했다.

1단계 : 100일간 최소한 열량을 섭취하며 고강도 운동으로 살을 뺀다.

2단계 : 단백질 위주로 먹고 매일 30분 정도 부위별 근육 운동을 해서 몸매를 조각한다.

3단계 : 삶을 다이어트 형으로 유지시킨다. 일주일에 최소 3일 운동, 하루 3끼 중 1끼는 다이어트 식단. 유동적으로 운영하면서 2단계까지 만든 몸을 유지한다.

나는 나의 유능한 PT 덕분에 100일 만에 10kg 정도를 뺄 수 있었다. 혹독하게 다이어트 하는 3개월 동안은 나의 모든 삶이 '다이어트'에 맞춰졌다. 기상 시간, 운동 시간, 식단, 잠자는 시간 등 모든 행동이 다이어트를 위한 것이었다.

영어도 이와 똑같이 하면 된다! 어려울 것 없다!

100일의 법칙이다. 단군 신화 속 곰도 100일 동안 마늘만 먹고 사람이 되지 않았는가?

100일 정도 꾸준히 하면 목표를 성취할 수 있다. 그런데 대충 설렁설렁 하는 것이 아니다. 자신의 모든 초점이 '영어 훈련'에 맞춰서 있어야 한다.

1단계 : 100일간 영어에 집중해 일단 말하기를 6세 미국인 어린이 수준으로 만든다.

2단계 : 말하기에 이어 읽기, 쓰기, 스피치 등 더 섬세하게 영어 능력을 발달시킨다.

3단계 : 삶을 영어 형으로 유지시킨다. 매일 조금씩이라도 자신을 영어에 노출시킨다.

일단 100일 동안 언어 습득 1단계를 넘어야 한다. 물론 이 과정은 혹독할 것이다. 하루에 20문장을 소리튜닝 훈련법으로 반복해서 연습하고, 한글 보고 영어로 말하기 연습까지 해야 한다. 쉽지 않은 과정이다. 하지만 그것을 다 끝냈을 때 맛보는 열매의 맛은 정말 달콤할 것이다.

100일만 딱 영어를 중심으로 살아라

영어 공부에서 1단계 톰 따라잡기를 완료하고 나면 2단계인 12세 톰을 따라잡고 싶어질 것이다. 그것이 영어천재로 가는 길이다.

100일 동안만 딱!

당신의 모든 관심과 초점을 '영어 훈련'에 맞춰보라! 아침에 일찍 일어나는 이유도, 일을 빨리 끝내야 하는 이유도, 친구와 헛된 시간을 보내지 않는 이유도 다 영어 훈련을 위한 것이어야 한다. 살면서 100일 동안 영어에 미친 적이 있는가? 없다면 이번에 한번 제대로 미쳐보는 것이다. 게다가 정확한 방법으로!

단언컨대, 100일 동안 1단계 6세 톰 따라잡기를 하고 나면 자타공인하는 영어 실력을 갖게 될 것이다. 그렇게 100일 째에 가까워질수록 영어 훈련이 힘들다고 느껴지지 않을 것이다. 오히려 점점 변해가는 자신의 영어 실력에 놀라서 훈련 자체를 즐기게 될 것이다. 그렇게 100일을 투자하면 당신은 반드시 영어천재라는 소리를 듣게 될 것이다.

31

영어 요요 현상을 없애려면 쉬지 마라

Today I am successful. Tomorrow I will be successful.
Every day I am successful.
오늘 나는 성공적이다. 내일 나는 성공적일 것이다. 매일 나는 성공적이다.

고강도가 아니라 평소에 조금씩 관리하라

다이어트에서 가장 무서운 것은 요요 현상이다. 그동안 힘들게 운동하고 먹는 것도 조절하다가 목표치에 도달하는 순간 끝났다고 생각한다. 이제 다이어트를 끝냈으니 이때까지 못했던 것에 대해 한풀이를 한다.

나는 사실 예전에도 살을 10kg 정도 뺀 적이 있다. 매번 뺐다가 쪘다가를 반복하는 것 같다. 나는 그때 목표 달성에만 초점을 맞췄다. 목표를 달성하고 난 뒤에 유지하는 것에는 전혀 신경을 쓰지 않았던 것이다. 살이 빠져서 기쁜 마음에 예쁜 옷을 입고 그동안 못 만났던 친구들을 만났다. 친구를 만나면 무엇을 하겠는가? 맛집 가서 밥을 먹고 디저트 먹고 술 먹고 계속 무언가를 먹게 된다. 그래서 몇 달 후에 다시 예전 체중 혹은 그 이상으로 다시 살이 쪘다. 신데렐라가 된 기분이다. 살을 뺐었다는 증거는 사진 속에만 남아 있다.

최근에 동안으로 유명한 배우 김성령 씨의 인터뷰를 본 적이 있다. 50대라는 나이가 무색할 정도로 탄탄한 몸매와 동안을 자랑했다.

"어떻게 몸매를 유지하시나요?"
"매일 3끼 다 먹으면 살쪄요. 그리고 아침에 일어나자마자 체중을 재요. 제가 정해 놓은 체중에서 조금이라도 벗어나면 바로 관리에 들어가요. 그리고 매일 요가와 테니스를 번갈아가며 운동해요."

그렇다! 다이어트를 하는 데는 유지가 중요하다! 몸매를 유지하는 비법은 그렇게 힘들고 어렵지 않다. 1~2단계에서 해온 고강도 훈련과는 다르다. 그냥 계속 신경을 써주면 된다. 목표를 잊지 말되 목표를 유지하는 선 안에서는 자유롭게 사는 것이다. 그러다 테두리에서 넘어서려고 하면 경고음을 켜고 다시 며칠 관리해준다. 이 정도는 충분히 가능할 것 같지 않은가?

영어 3단계, 유지기에도 이 정도로 해주면 된다. 매일 한 시간씩 꼭 해야 할 필요도 없다. 그런 부담 자체를 가질 필요가 없다. 시간이 조금 더 많은 날은 더 즐겨주고 아닌 날은 전혀 못할 수도 있다. 그러다 자신이 생각한 영어 실력에 경고음이 들어온다고 생각하면 하루 종일 영어와 산다. 아니면 꾸준히 몸매를 유지하기 위해 요가나 테니스를 배우듯, 영어를 꾸준히 하기 위해 원어민 수업을 듣거나 책을 읽거나 동영상을 시청한다. 이렇게 계속 한 분야씩 파고 들어가면 교육받은 원어민 수준이 되어 있을 것이다.

요요 현상이 오면 처음부터 다시 해야 한다

외국어도 다이어트와 마찬가지로 요요 현상이 가장 무섭다. 정확하게 말하면 어느 정도까지 실력을 올려놨어도 안 쓰면 정말 빠른 속도로 다시 내려가기 시작한다. 그나마 다행인 건 다이어트처럼 그 전 상태가 되거나 더 나빠지지는 않는다는 사실이다. 그래도 한 번 몸에 체화시켜놓은 게 있어서 어느 정도는 남아 있다. 하지만 예전처럼 술술 나오지는 않는다. 단어도 헷갈리게 된다. 심지어 철자도 헷갈린다.

최근 나는 러시아어 실력에 심각성을 느끼고 다시 올리려고 애쓰고 있다. 러시아에서 어려운 분야들도 척척 통역하며 현지인들과 막힘없이 대화하며 살았는데 영어를 가르치기 시작한 이후로 러시아어를 쓸 일이 거의 없어졌다. 주변에 러시아 사람이 많은 것도 아니고 내 삶이 바쁘다 보니 러시아 친구들도 만날 일이 없다.

하지만 심각성을 조금 빨리 깨닫고 조금만 애쓰면 다시 그때 그 실력으로 돌아간다. 늦게 깨달을수록 다시 1단계부터 시작해야 한다는 사실을 잊지 말라.

기술을 연마하듯 하루 10분이라도 영어를 하라

나는 내 러시아어를 계속 유지하기 위해서 재미있는 러시아인 유튜브를 구독하고 팟캐스트도 듣는다. 그리고 자기계발서를 러시아 버전으로 구매해서 하루에 한 페이지씩 읽고 필사하고 있다. 외국어는 공을 들여주는 만큼 발전하고 성장한다.

모든 기술을 연마해서 익히는 분야는 다 똑같다. 많이 하면 할수록 늘고 하지 않으면 퇴보한다. 그러니 어느 정도 단계에 이르면 조금씩 계속 연마해줘야 한다. 외국어에 능통했다는 통역사들의 삶도 다르지 않다. 통역사가 되기 위해 몇 년간을 훈련하고 연마하지만 통역사가 된 후에도 매일 해당 언어 신문을 읽고 한국어 보고 해당 언어로 말하는 연습을 한다. 내 친구 중에 전문 통역사들이 많다. 현재 육아를 하면서 통역 일을 잠시 쉬고 있어도 훈련은 계속해야 한다고 푸념했다. 안 그러면 다시 복

귀했을 때 일을 할 수 없게 된다는 것이다. 하루 24시간 해당 언어를 고강도로 연마한 통역사들조차 안 하면 퇴보하는데 우리의 영어는 어떻겠는가?

최근 이렇게 영어가 퇴보해서 온 수강생 C씨가 있었다. C씨는 어머니의 교육으로 어렸을 때부터 영어 유치원이며, 초등학교는 미국에서 잠깐 다니고, 고등학교는 외국어 고등학교를 졸업했다. 그런데, 대학에 들어와서 영어를 쓸 일이 별로 없었다고 한다. 어렸을 때는 영어를 잘해서 영어 말하기 대회에서도 여러 번 수상할 정도로 영어 신동이었다. 그런데 몇 년간 영어를 전혀 안 썼더니 이제 못하겠다고 푸념했다. 친구들한테 영어 배우러 학원 왔다는 말도 못한다고 했다. 다들 자신이 영어를 잘하는 줄 안다는 것이다.

나는 사실 C씨의 영어만 들었을 때는 그런 배경이 있을 거라고는 전혀 생각도 못했다. 그냥 한국에 사는 여느 여학생의 영어 소리였다. 하지만 소리튜닝 훈련에 들어가면서 C씨의 영어는 급속도로 좋아지기 시작했다. 다른 수강생들에 비해서 성장하는 속도가 비약적이었다. 역시 했던 가락이 있어서 몸의 세포 어디선가 영어를 기억하고 있었던 것이다. C씨는 예전 자신의 영어 실력을 되찾고 오픽 시험에서도 단번에 AL 최고 등급을 획득했다. 원하는 성적을 땄다며 기뻐하는 C씨에게 내가 말했다.

"하루에 10분이라도 꼭 해줘. 아니면 나 또 본다!"

다이어트도 유지는 평생 하는 것이다. 평생 즐기면서 해야 한다. 영어도 3단계 유지기에서는 평생 개념이다. 매일 조금씩 영어와 함께해야 한다. 그러면 당신의 영어는 조금씩 계속 성장할 것이다.

32

바빠도 매일 영어하도록 습관을 들여라

Every day in every way, I am becoming more and more successful.
매일 모든 면에서 나는 점점 더 성공한다.

바쁘다는 말은 핑계다

"선생님, 공부할 시간이 없어요. 요즘 이것저것 준비하는 게 많아서 바빠요."

수업시간에 내준 과제를 못했을 때 수강생들이 가장 많이 하는 말이다. 물론 누구나 다 바쁘다. 하지만 정말 바쁜 사람들은 바쁘다는 말을 안 한다. 당신의 '바쁘다'는 말은 어떤가? 머릿속이 복잡해서 마음만 바쁜 것은 아닌가? 아무리 바쁘다고 해도 분명히 자신이 만들 수 있는 시간은 얼마든지 있다.

워킹맘 한 분이 수업을 들으러 오셨다. 일본어 전공자였는데 항상 영어 때문에 가족들에게 무시당했다. 남편은 회사에서 해외 영업부에 있어서 영어를 잘하고, 자식들도 다 영어 유치원 다닌다. 집안에서 자신만 영어를 못하는 사람이었다.

이번 기회에 한을 풀려고 오신 것이다. 회사가 끝나면 바로 학원으로 출근했다. 밥 먹을 시간도 없었다. 학원에서 수업 듣고 귀가하면 9시 정도이고, 집에 가자마자 아이들을 씻기고 재우고 하면 11시쯤 된다. 그리돔 새벽 1시까지 밀린 집안일을 하셨다.

하지만 그렇게 한 달을 보낸 뒤 그 분은 원하는 시험에서 고득점을 한 번에 바로 획득하셨다. 남편보다 더 높은 점수였다.

"과제를 도대체 언제 하셨어요?"

"보통 점심시간에 회사 회의실에서 하고요. 암기할 내용은 포스트잇에다 써서 회사 책상 위나 컴퓨터, 집 설거지 싱크대 앞, 화장실, 차 등등 눈에 보이는 모든 것에 붙여놓았어요. 그래서 회사에서 업무를 보다가도 포스트잇이 눈에 들어오면 한 번씩 입으로 연습하고 그랬어요. 무엇보다 좋았던 시간은 출퇴근길에 차에서 선생님 음성파일 듣고 다니면서 큰 소리로 따라 했던 거였어요!"

나는 수강생들에게 항상 이 분의 성공사례를 말해준다. 이 분 앞에서 바쁘다는 말하지 말라고 강조한다. 이 분의 스토리를 들으면 모두들 고개를 끄덕이면서 '아, 나는 그동안 너무 여유롭게 살았구나!' 하는 표정을 짓는다.

이게 진짜 열정이다. 하루의 모든 시간을 자신의 목표 달성을 위해 하나도 남김없이 알뜰하게 사용한 것이다. 이 수강생 분이 얼마나 영어를 열심히 했으면, 하루는 영어 유치원 다니는 딸아이가 이렇게 말했다고 한다.

"엄마, 영어에 미쳤어?"

미친 상태가 되면 초인적인 힘이 나오고 없던 시간이 생긴다. 바빠서 못했다는 말은 별로 미쳐 있지 않다는 말이다. 사람이 뭔가에 미치면 1분 1초가 그 목표를 위해서 돌아간다. 간절히 원하면 없던 시간도 생긴다.

나는 이제까지 아침 시간의 귀중함을 몰랐다. 항상 밤늦게 자고 당연히 아침에는 늦게 일어났다. 그러면서 나는 올빼미형 인간이라고 공공연히 말하고 다녔다.

그런데 최근에 독서의 소중함을 깨닫고 자기계발서를 닥치는 대로 많이 읽었다. 그런데 정말 신기하게도 모든 자기계발서에 공통으로 써 있는 말이 6시를 하루에 두 번 봐야 한다는 거였다. 6시를 두 번 보려면 알다시피 새벽 6시 전에 일어나야 한다. 전 세계 모든 성공한 사람은 다 새벽 6시 전에 일어난다고 한다. 새벽 6시에 일어나는 것보다 밤을 꼴딱 새서 새벽 6시를 보는 것이 차라리 낫겠다고 생각했다. 하지만 나는 도전해보기로 했다.

처음에 알람을 5시 반쯤에 맞췄다. 그리고 알람이 울리는데 소리가 너무 짜증났다. 그래서 재빨리 일어나서 알람을 껐다. 그리고 다시 잠들어버렸다. 새벽에 일어나려고 평소보다 일찍 잤다. 그렇게 되니까 할 일을 밤에도 못하고 아침에도 못하게 됐다.

'이럴 바에야 그냥 밤에 늦게 자는 게 낫지.'라는 생각이 들었다.

하지만 이왕 시작한 거 계속해보기로 했다. 하루, 이틀, 일주일이 지날수록 점점 새벽에 일어나는 것이 익숙해졌다. 일어나서도 별로 피곤하지 않았다. 그리고 저녁 11시만 되면 너무 졸려서 아무것도 할 수가 없었다. 점점 그렇게 습관이 되었다.

아침 5시에 일어나면 삶에 큰 변화가 온다. 일단 밤에 뭔가를 하는 것보다 더 맑은 정신이다. 그리고 무엇보다 아침 8시까지는 오롯이 내 시간이다. 아침 3시간은 정말 많은 일을 할 수 있는 시간이다. 나는 요즘 아침 5시에 일어나서 책을 쓰고 있다. 이 시간은 너무 평화롭고 정신도 맑다. 자존감과 자부심도 충만해진다.

'아, 이래서 모든 성공한 사람들이 아침형 인간이구나.'

이렇게 깨닫는 순간이 온다.

나는 수강생들에게 자신의 목표를 이루기 위해 해야 할 상세한 과제를 스스로 쓰게 한다. 바로 매일 MAP, 즉 '액션플랜'을 짜고 카페에 올리는 것이다. 자기 전에 몇 시에 일어날 것인지 작성하게 한다. 아무래도 자기 전에 목표를 세우고 자면 다음날 아침 의미 없는 시간을 보내지 않는다. 그 날 아침 자신의 액션플랜에 목표 기상 시간이 성공적이었는지 작성해서 카페에 올린다. 처음엔 다들 '실패'라고 썼다. 그리고 다음엔 어떻게 하면 성공할지에 대해서도 구체적인 방법을 썼다. 그렇게 하루 이틀이 지나니 점점 기상 목표 성공 란에 'YES' 표시가 많아졌다.

처음에는 일찍 일어나면 정신이 맑지 않을 것이다. 멍한 상태로 앉아서 '내가 왜 이 시간에 일어나야 하지?' 하고 생각하고 있을 것이다. 나는 이런 상태에서 벗어나기 위해 일어나자마자 요가를 했다. 독자분들도 자신만의 방법을 찾길 바란다. 일어나자마자 샤워를 하거나 세수를 하는 것도 도움이 된다. 나는 알람이 울리고 다시 자고 싶으면 내 자신에게 말했다.

"Get off your ass!" 일어나!

그러면 마음속 또 다른 내가 "야, 더 자. 졸린데 뭘 하려고."라고 말한다. 그때 다시 한 번 외쳐준다.

"GET OFF YOUR ASS!" 일어낫!

그러면 신기하게 눈이 번쩍 떠진다. 꼭 해보시라. 정말 효과 있다.

평소에 7시에 일어나는 사람이라면 2시간만 일찍 일어나자. 출퇴근 시간 1시간, 점심시간과 퇴근 후 시간을 1시간만 잡아도 4시간이나 확보할 수 있다. 점심시간, 퇴근 후를 포기하고 아침에만 일찍 일어나도 2시간이다. 하루 2시간은 우리의 영어를 바꿀 수 있을까? 당연하다! 2시간이면 적어도 7문장 소리튜닝 훈련을 할 수 있는 시간이다. 영어를 못한다고 공부할 시간이 없다고 한탄만 하지 말고 일단 아침에라도 일찍 일어나보

자. 정말 더 많은 시간 투자하지 않아도 좋다.

습관이 몸에 배면 바빠도 하게 된다
자신의 시간을 돌아보라. 어디서 시간이 새고 있는지 점검해보라.

새벽 2시간 + 출퇴근 시간 1시간 + 퇴근 후 1시간 = 4시간
 → 영어 완성

이 공식에서 본인의 삶의 스케줄에 따라 더하거나 빼서 조정해보라. 집이 멀어서 출퇴근 시간이 더 걸리는 사람도 있고, 상대적으로 퇴근 후 시간에 여유가 있을 수도 있다. 계속 그렇게 살라는 것도 아니고 딱 100일만 이렇게 하자. 그런데 이런 습관이 몸에 배면 다시 돌아가고 싶지 않을 것이다.

'난 이래서 못해, 저래서 못해.'
이번 기회에 바꿔보라. 시간이 없어서 못한다고 한탄만 하는 자신에게 주문을 외워보라.

"구하라! 그러면 얻을 것이다!"

한번이라도 죽도록 영어공부는 해봤는가?

언젠가 컨설팅 이벤트로 지방에 있는 고등학교에 간 적이 있었다. 거기서 만난 고1 여학생이 자신은 내신을 못하는데 모의고사는 잘 본다며 내신은 포기하고 수능으로 대학을 갈 것이라고 했다. 그런데 그때가 1학년 1학기가 막 지났을 때였다. 즉, 이 학생은 딱 한번 시험 보고 결론을 내린 것이었다. 나는 너무 어이가 없어서 이야기했다.

"죽도록 해봤니? 죽도록 한번 해보고 말하자!"

나는 내가 했던 이 말을 까맣게 잊고 바쁘게 지내고 있었다. 그러던 어느 날 내가 일하는 곳으로 편지가 왔다. 알고 보니 그 여학생이 내가 있는 곳을 수소문해서 장문의 편지를 보낸 것이다. 편지의 내용인즉슨 그날 내가 한 말에 깨달음을 얻어 죽도록 한번 해보자고 결심했고, 그 날 이후 계속 전교 1등을 하고 있다고 했다. 나는 그 편지를 읽고 감동보다는 오히려 기분 좋은 소름이 끼쳤다. '나라는 사람이 이렇게 누군가의 삶에 영향을 끼칠 수 있구나.' 하고 말이다.

33

원어민 친구는 돈을 주고라도 만들어라

When I breathe, I inhale confidence and exhale timidity.
내가 숨을 쉴 때, 나는 자신감을 들이 마시고 소심함을 내뱉는다.

그들도 당신과 친구가 되고 싶어 한다

캘리포니아에서 대학원에 다닐 때, 나는 학교 스타벅스에서 친구를 사귀었다. 주문을 하려고 줄을 서 있었다. 옆 사람의 대화를 들어보니 군인인데 같은 학교에서 한국어 수업을 듣고 있는 거였다. 한국어 수업을 듣고 있다는 말을 듣는 순간 나는 거침없이 물어봤다.

"Excuse me, I am sorry, but I just overheard you.
실례합니다, 제가 우연히 대화를 들었는데요.

Are you taking Korean courses here? That's very interesting.

여기서 한국어 수업 들어요? 신기하네요.

I am Korean and I am currently a graduate student majoring in

English Education here."

저는 한국인이고 여기서 영어 교육을 전공하고 있는 대학원생이에요.

"Yes, we are learning Korean here. Wow, your English is perfect.

네, 여기서 한국어 배우고 있어요. 우와, 영어가 완벽하세요.

How did you learn English? Learning Korean is so hard for us."

영어를 어떻게 배우셨어요? 한국어 배우는 거 너무 어려워요.

"Right! Learning foreign languages is always challenging.

맞아요! 외국어 배우는 건 항상 쉽지 않죠.

Let me help you learn Korean if you want."

원하시면 제가 한국어 배우는 거 도와드릴게요.

"Oh! Really! That's very kind of you! Awesome!"

오! 진짜요? 최고네요!

우리는 이렇게 친구가 되었다. 아직도 연락을 하고 지낸다. 사실 친구라고 하기에는 나보다 10살이나 어린 학생들이었지만 이 친구들 덕분에 당시에 차도 없었던 내가 캘리포니아 구석구석까지 여행하고 즐기며 다닐 수 있었다.

어느 나라든 그 나라 사람들과 친해지면 그 나라를 정말 120% 즐길 수 있게 된다. 영어를 잘 못하는 상태에서 어학연수를 가면 원어민들과 친구가 되기는 좀 힘들다. 일단 대화가 잘 안 되니 몇 번 만나고 잘 만나지지 않는다. 그런데 영어를 훈련한 상태에서 가면 그 나라 사람, 문화, 명소 등을 충분히 즐길 수 있게 된다.

원어민과의 대화는 히든카드다

언어 습득 3단계에서는 원어민과의 대화를 가능한 많이 해보는 것이 좋다. 영어 훈련을 하기 전에는 별로 도움이 되지 않는다고 말했다. 알아듣지도 못하고 말도 못하는데, 이 상태에서 원어민과 대화를 많이 해봤자 답답하기만 하고 영어에 대한 부정적 이미지만 쌓인다. 하지만 언어 습득 1단계와 2단계를 마친 이 시점에서는 그동안 갈고 닦은 표현과 소리를 마음껏 발산할 때이다. 이때 대화의 기회를 늘려주지 않으면 영어가 요요 현상이 와서 후퇴하거나 제자리걸음 상태가 된다. 하지만 이때 원어민과의 대화 기회를 많이 만들어주면 영어가 비약적으로 발전한다.

원어민과 친구가 되고 싶다면 한국에 어느 정도 관심이 있는 사람을 찾는 것이 좋다. 물론 관심이 없는 사람에게 관심을 심어줄 수도 있겠지만 이미 한국에 관심이 많은 사람들은 일단 우리에게 호의적이다. 나에게 호의적인 태도를 이미 갖고 있는 사람과 친구가 되면 아무래도 심적으로 부담이 덜할 것이다.

같은 이유로 미국에서 원어민 친구를 사귀는 것보다 한국에서 원어민 친구를 사귀는 것이 훨씬 쉽다. 일단 미국에 있는 원어민들은 우리도 그렇지만 본국에서는 자신의 가족도 있고 친구도 있고 자신의 삶이 있어서 바쁘다. 하지만 한국에 있는 원어민들은 한국에 가족도 없고 친구도 별로 없고, 그래서 바쁘지 않다.

다른 나라에 갔을 때 가장 좋은 친구는 그 나라 원어민이다. 그래서 오히려 한국에서 미국인 원어민 친구를 사귀는 것이 훨씬 쉽다. 지금 대학생인 경우 자신이 다니는 대학에 교환 학생들이 많다면 그냥 가서 말을 걸어보라. 다들 당신과 친구가 되고 싶어 한다.

원어민 수업이라도 들어서 원어민과 대화하라

용기가 나지 않는다면 어쩔 수 없이 원어민 수업을 들어야 한다. 돈을 주고서라도 원어민과의 대화 기회를 많이 늘려야 한다. 이 단계는 실전 적용 단계이기 때문에 자신에게 체화된 표현과 문장을 반복적으로 써서 운동피질에 저장시켜야 한다. 그래서 무의식적으로 나오게 해야 한다. 원어민 수업을 듣는 방법은 학원을 가도 좋고 요즘은 화상 수업도 참 많다. 만약 학원에서 회화 수업을 듣는다면 2단계까지 훈련한 상태라서 최고 단계 반으로 배정될 것이다. 거기서 원어민 선생님과 둘이 대화하듯이 수업을 즐겁게 이끌어 가면 된다.

2단계까지 훈련을 마치고 원어민 수업을 듣던 W씨가 있다. 나와 수업을 끝내고 원어민 수업을 벌써 1년째 지속중이라고 했다. W씨는 거의 영어를 즐기고 있었다. 1년째 최상위 반에서 수업을 들으며, 영어를 계속 유지하고 있었다. 최근에는 외국계 회사로 이직했다며 의기양양해했다.

해외 어학연수도 3단계 유지기에 가면 최고다. 학교에서도 수업을 주도하게 되어 원어민 선생님과 나의 독무대가 될 것이다. 영어를 잘하는 상태로 가면 즐길 수 있는 것도 훨씬 많아진다. 일단 원어민 친구들과 친해지는 데 무리가 없다. 거침없이 친구가 될 수 있다.

어플 중에 앞서 잠깐 소개되었던 '튜터링'도 원어민과 대화하기에 좋다. 일단 시간적 공간적 제약이 없고 내가 원어민을 고를 수도 있다. 내가 대화하고 싶은 시간에 원하는 주제를 갖고 짧게 대화를 할 수 있다. 가장 손쉽게 매일 영어를 즐길 수 있는 방법인거 같다. 그 외에도 비슷한 화상 수업이나 채팅 사이트가 많다. 자신이 가장 편하게 즐길 수 있는 방법으로 원어민과의 대화를 가능한 많이 늘리자.

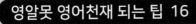

영알못 영어천재 되는 팁 16

원어민과 대화를 잘 하려면?

– 원어민과 대화하는 어플리케이션 Hello Talk을 써봐라!

원어민과 직접 대화할 용기가 나지 않는다면 'Hello Talk헬로톡'이라는 공간을 이용해주는 것도 좋다. 이 어플리케이션은 한국에 살거나 한국에 관심이 많은 전 세계 모든 외국인들이 이용하는 어플리케이션이다. 이 어플은 일단 기본적인 포맷이 페이스북 같다. 자신의 기분이나 현재 상태를 영어나 한국어로 올린다. 그러다 마음에 드는 친구가 있으면 개인적으로 채팅을 해볼 수도 있다. 그러다가 더 친해지면 만나서 진짜 친구가 될 수도 있다. 이 어플은 영어 학습에 있어서 최고의 공간이다.

나는 가끔 새로운 표현을 보면 내 저널을 만들 때 그곳에 글을 올린다.

"이 표현을 넣어서 여러분이 많이 쓰는 문장을 만들어주세요."

그러면 수십 개의 댓글이 달린다. 그 댓글들을 읽다 보면 표현이 자연스럽게 체화된다. 어쩔 땐 댓글로 '아, 난 이 표현을 내 평생 써본 적이 별로 없어'라고 달린다. 그럼 '아, 이 표현은 실제로 많이 쓰이지 않는구나.' 하고 알게 된다. 대부분 한국에 사는 외국인들이라서 기본적으로 한국을 좋아하고 관심도 많다. 이 공간은 전 세계 모든 외국인들이 있기 때문에 영어뿐만 아니라 다른 외국어를 익히기에도 최고다.

34

영어천재가 되어 영어를 무기로 써라

I am energetic and enthusiastic. Confidence is my second nature.
나는 에너지 넘치고 열정적이다. 자신감은 나의 두 번째 천성이다.

영어를 못해서 패키지 여행만 다니는가?

"저는 여행을 패키지밖에 안가요."

P씨는 한숨을 쉬었다. 매번 여행갈 때마다 영어를 못하니까 자유여행
은 꿈도 꿔보지 못했다. 하지만 여행갈 때마다 자신이 영어를 잘해서 자
유 여행을 가는 모습을 상상했다고 한다. 여행갈 때마다 편하게 자신의
일정에 따라 움직이는 자유여행 하는 사람들이 부러웠다고 하소연했다.

"저는 여행을 패키지로 안가고 자유여행으로 가는 것이 소원이에요."

"걱정 마세요. '1단계 6세 톰 따라잡기'만 하시면 이제 후배들에게 주눅들지 않는 당당한 선배가 되실 거고 여행도 자유여행만 가실 거예요."

눈이 반짝였다. 이런 분들은 가르치면 가르치는 대로 결과가 나오는 스타일이다. 왜냐하면 간절하고 절실하기 때문이다.

나는 패키지여행을 해본 적이 없다. 그런데 주변 사람에게 물어봤더니 고개를 저으면서 말했다.

"깃발 쫓아다니느라 힘들어 죽는 줄 알았어. 그리고 매일 다음 장소로 이동하느라고 새벽 5시 반에 일어났잖아, 너무 힘들었어. 다시는 안 갈 거야."

하지만 영어를 못하니 아마 또 패키지로 가게 될 것 같다고 한숨을 쉬었다. 영어를 못해서 어쩔 수 없이 하고 싶지 않은 것을 선택해야 하는 것은 안타까운 일이다. 그래서 그냥 자유여행 가보라고 말을 해도 고개를 절레절레 흔들며 영어를 못해서 미아가 되면 어떻게 하냐고 한다.

반면 영어를 잘하는 사람들의 해외여행은 어떨까? 세계 어디를 다녀도 두려움이 없다. 미리 계획을 잘 짜지 않아도 괜찮다. 어차피 언어가 되니 그 나라 사람들에게 물어보면 되기 때문이다. 그리고 현지에 가서 친구를 사귈 수 있다. 여행을 가서 현지에서 친구를 사귀게 되면 그 나라를 훨씬 더 잘 즐기게 된다. 영어를 못하면 대화가 안 되는데 어떻게 친구를 사귀겠는가?

영어가 안 되서 커리어에서 뒤처지는가?

P씨가 나를 찾아왔던 것은 사실 패키지여행 때문이 아니었다. P씨는 40대 후반으로, 국내 최고 대기업에 다니는 분이었다. 예전에는 영어 실력이 없어도 직장생활이 지장이 없었다. 실제 업무에 영어가 쓰일 일이 있어도 후배를 통해 해결했다고 한다. 그런데 점점 회사가 발전하면서 이런저런 미봉책으로는 버티기 힘들어졌다고 한다. 자꾸 후배들에게 부탁하자니 점점 주눅이 든다고 했다.

P씨처럼 중장년의 직장인도 이제 영어를 피해갈 수 없다. 글로벌 시대는 현실이기 때문이다. 요즘에는 입사할 때부터 격차가 벌어진다. 영어가 되면 취업 시장이 훨씬 넓어진다. 이력서를 한국 회사에만 보내지 않는다. 독일, 일본, 싱가포르, 미국, 유럽 등 자신의 분야에 있는 전 세계 모든 회사들에 다 이력서를 보낸다. 그들의 무대는 전 세계다. 영어를 잘하면 당신의 커리어 인생이 훨씬 더 즐거워질 것이다.

예전에 내가 카자흐스탄에서 일할 때, 굉장히 인상 깊었던 사람이 있었다. 장비를 고치는 기사였는데 영어를 수준급으로 구사했다. 보통 장비나 기계 쪽에 있는 사람들은 영어를 못한다. 그런데 그 분은 자유자재로 영어를 능숙하게 구사했다.

어느 굴지의 대기업 소속이셨는데, 다른 사람들에 비해서 연봉도 높았다. 그리고 해외 출장은 다 이 분의 몫이었다. 그도 그럴 것이 회사에서 다른 기사를 보내면 통역사와 함께 보내야 한다. 그러면 출장비가 통역사 출장비까지 해서 두 배가 될 것이다. 그런데 이 분이 가면 통역사가 없어도 되니 회사 입장에서는 누구를 보내고 싶겠는가? 업계에서 이 분의 몸값은 가면 갈수록 높아질 것이 불을 보듯 훤하다.

앞으로 세계적인 외국계 기업은 점점 더 많아질 것이고 국내 기업도 전 세계로 뻗어 나갈 수밖에 없다. 기술의 발달로 전 세계는 점점 더 하나가 되고 시간·공간적 제약이 없어지기 때문이다. 러시아인, 미국인, 독일인, 한국인, 일본인, 인도인 등 서로 다른 언어를 쓰는 사람들은 영어로 회의를 한다. 기술의 발달로 우리는 직접 가지 않아도 전 세계인과 서로 소통할 수 있다.

영어 때문에 인생에 한계를 두지 말라

이제 이러한 현상은 피할 수 없는 현실이다. 언제까지 영어 때문에 당신을 한계 지을 것인가? 언제까지 한국어만 고집할 것인가? 당신이 속해 있는 분야가 어떤 것이든 당신이 외국어를 잘하는 순간 생각지도 못한 기회들이 펼쳐질 것이다.

영어는 당신의 인생에 날개가 되어줄 수 있다. 영어를 잘하게 되면 뭐가 좋을까? 우선 커리어 면에서 남들보다 더 우위에 있을 것이다. 당신이 어느 분야에 종사하고 있든지 간에 영어를 잘하면 뻗어나갈 수 있는 길이 무궁무진해진다. 영어를 잘하게 되면 당신이 하고 싶은 선택만 할 수 있게 된다. 여행도 자신의 일정과 패턴에 따라 할 수 있게 되고, 일도 내가 원하는 일을 할 수게 된다. 어쩔 수 없이 하는 선택이 아니라 자신이 원해서 하는 선택을 하게 된다. 영어가 당신의 발목을 잡게 할 것인가? 아니면 당신의 무기가 되게 할 것인가?

35

당신도 영어천재가 될 수 있다

I feel powerful, capable, confident, energetic, and on top of the world.
나는 힘이 넘치고 다 할 수 있다고 느끼고, 자신감 넘치고 열정적이다.
세계최고라고 느낀다.

어느 누구도 처음부터 자전거를 잘 타진 않았다

자전거를 처음 배우던 때를 기억하는가?

자전거를 배울 때 자전거가 돌아가는 원리, 자전거 페달을 돌릴 때 왼쪽 다리가 먼저 나가야 하는지 오른쪽 다리가 먼저 나가야 하는지, 자전거에 있는 모든 부품의 이름이 무엇인지 다 공부하고 자전거를 탔는가?

그렇지 않으면 다리를 번갈아가면서 페달을 돌린다는 기술만 배우고 일단 타기 시작했는가? 일단 안장에 앉아서 페달을 밟는다. 계속 넘어지고 무릎이 까지면서 균형 잡는 법을 배운다. 그러다 조금 잘되면 속도도 내보고, 또 넘어진다. 그런 과정을 겪으면서 점점 잘 타게 된다. 처음에는 마음속으로 '균형을 잡아야지. 핸들을 이쪽으로 꺾어야지. 페달은 번갈아가면서 돌려야지.'라고 생각하면서 자전거를 탄다. 그런데 이것이 익숙해지면 이런 생각은 사라진다. 그저 편안하게 자전거를 타게 된다. 그러다 속도도 올리게 되고, 한 손 놓고도 타게 된다.

영어도 그렇다. 자전거를 배우듯 영어를 배우면 된다. 자전거를 아직 못 탄다면 다른 것들을 생각해도 좋다. 축구, 야구, 탁구, 테니스 등 운동을 생각해도 좋다. 바느질, 자수, 캘리그라피 등 모든 활동이 그렇다. 처음에는 어설프고 힘들고 포기하고 싶지만 익숙해지면 즐기게 된다. 처음에 간단한 기술만 익히고 반복적으로 연습하면 누구나 잘하게 된다.

혹시 머리가 나빠서 자전거를 못 타겠다고 말하는 사람을 본 적이 있는가? 똑같은 이치다. 머리가 나빠서 영어를 못하는 사람은 없다. 물론 재능이라는 게 있고 그것에 따라 조금 더 빨리 익히는 사람이 있을 수도 있다. 자전거 타는 것도 운동감각이 있는 사람이 배우면 훨씬 더 빨리 배울 것이다. 하지만 운동 감각이 없다고 해서 자전거를 배울 수 없는 것은 아니다. 단지 시간이 좀 더 필요할 뿐이다.

만약 영어가 공부 머리가 필요한 것이었다면, 아마 나는 엄두도 못 냈을 것이다. 앞서 말했듯이 나는 심한 열병으로 어렸을 적 머리가 정말 안 좋았다. 머리가 나쁘니 아무리 문제를 풀어도 수학 과목에는 한계가 있었다. 그런 내가 시작한 것이 영어다. 당시 머리는 나쁘지만 내가 유일하게 잘하는 것이 오래 앉아있는 것이었다. 그리고 즐기는 것이었다. 그렇게 꾸준히 영어의 기술을 익히고 나니 어느 순간 영어를 잘하고 있었다.

머리가 나빠서, 재능이 없어서 영어를 못하는 사람은 없다
"영어가 어려워서 못하겠어요!"
"저는 머리가 나빠서 영어 못해요."

사실 이런 말은 성립이 안 된다. 자전거 잘 타는 사람이 자전거 부품을 다 외우고 있는가? 자전거 부품에 대한 지식이 해박하고 정통하다고 자전거를 잘 타는가? 백날 이론 외우고 책을 읽어 봤자 소용없다. 실제로 자전거에 올라타서 넘어지고 무릎이 까지는 과정을 겪어야 한다.

"꼭 이렇게 힘든 시기를 거쳐야 해요? 더 편하게 잘하는 방법은 없나요?"

자전거를 탈 때 넘어지고 다치는 게 싫으니 그냥 자전거에 올라타자마자 마법같이 잘 타게 해달라는 것과 같다. 요행을 바라니 '단 하루 만에 영어를 잘하게 해줄게.'라는 광고에 속는 것이다. 수영을 하루 배우고 잘할 수 있는가? 골프를 하루만 배워서 잘할 수 있는가?

"저는 영어에 재능이 없나 봐요, 안 되겠어요!"

어느 누구도 '당신은 운동 감각이 없으니 일찌감치 자전거 타는 걸 포기하세요.'라고 말하지 않는다. 영어도 재능이 남들보다 없다고 해서 포기해야 하는 것이 아니다. 최소한의 반복적 훈련시간이 반드시 필요하다. 그 과정에서 자신만의 언어 습득 유형에 따라 훈련시간이 단축되는 사람도 있고 더 걸리는 사람도 있다. 하지만 이 차이는 최대 한 달 정도밖에 안 난다. 감각이 있는 친구보다 더 많이 더 오래 연습하면 되는 것이다. 그렇게 하다보면 감각이 좋은 친구보다 잘하게 될 수도 있다. 그러니 언어적 재능이 없어서 영어를 못한다는 변명은 하지 말라.

동네 뒷산 같은 영어, 꾸준히 정복해보라!
언어 습득 1단계 훈련을 마치고 나서 어느 수강생이 보냈던 문자가 아직도 기억에 남는다.

"처음에는 제 생각처럼 입에서 영어가 술술 나오지도 않고 자꾸 꼬여서 너무 짜증났었어요. 그래서 선생님한테 자조적인 말로 저를 김버벅이라고 불러 달라고 했었잖아요. 연습하는 동안 저 스스로 여기까지 끝내지 않으면 저녁밥을 먹지 않겠다고 약속했었어요. 그래서 저녁을 못 먹은 날도 많아요. 그런데 점점 시간이 갈수록 연습시간이 짧아지고 술술 입에서 나오기 시작하니까 신이 나더라고요. 저는 사실 영어만 배운 것 같지 않아요. 제 자신에 대한 자존감이 정말 크게 올라간 것 같습니다."

삶을 살아가는 데 있어서 자존감은 정말 중요하다. 이 자존감은 '생겨라!' 한다고 갑자기 생기지 않는다. 스스로 작은 산이라도 하나씩 넘으며 성취감이 차곡차곡 쌓였을 때 자신에 대한 무한한 뿌듯함이 생긴다.

영어를 잘하는 기술은 완벽하게 다 제시했다. 이제부터 필요한 것은 단단한 마인드를 유지하면서 '언어 습득 1단계'와 '언어 습득 2단계' 과정을 겪는 것이다. 그 기술을 연마하는 동안 목도 아프고, 생각보다 잘되지 않아서 짜증이 날 수도 있다. 무엇보다 영어 기술을 연마하는 데 필요한 시간을 내는 것조차 힘들 수 있다. 하지만 이 과정만 겪으면 달콤한 열매를 맛 볼 수 있다.

이제 스스로 산을 한번 넘으면 된다. 물론 이 산은 에베레스트가 아니다. 누구나 넘을 수 있는 동네 뒷산이다. 게다가 하루 만에 산을 넘으라

는 것도 아니다. 100일 동안 꾸준히 조금씩 넘으라는 것이다. 누구나 자
전거를 탈 수 있듯이 누구나 영어를 잘할 수 있다.

당신도 영어를 잘할 수 있다.
당신도 반드시 영어천재가 될 수 있다!

영어천재가 될 당신을 위하여!

나는 항상 어떤 목표를 이룰 때 '마인드튜닝법'을 사용한다. 영어천재가 되는 길은 편하고 쉽지만은 않다. 단단한 마인드로 꾸준히 즐기면서 훈련해야 한다. 나는 당신이 영어를 완성하는 과정에서 만나게 될 모든 걸림돌을 미리 인지하고 제거하려고 노력했다. 이것은 내가 수많은 수강생들을 튜닝하면서 알게 된 결과물이다.

이제 이 모든 결과물을 당신과 공유하고 싶다. 영어가 어렵고 힘들어서 당신의 인생에 걸림돌이 되지 않고 오히려 영어가 당신의 무기가 될 수 있도록 도와주고 싶다. 이 책은 당신을 영어천재로 만들어줄 것이다. 영어천재가 되어 언제 어디서든, 누구에게든 당당하고 자신감 넘치게 살아가는 당신의 모습을 응원한다.

이 책을 집필하면서 나 역시 많은 시련과 좌절을 겪었고, 육체적으로 힘든 날들도 있었다. 그럴 때마다 나의 의식을 끌어 올릴 수 있도록 '마인드튜닝'을 매일 했다. 어떤 분야에서든 하나의 결과물을 내기까지 쉬운 일은 없다. 하지만 내가 목표로 했던 결과물을 이뤘을 땐 내 안에 잠들어 있던 거인이 깨어나는 경험을 하게 된다. 인생을 살면서 가장 중요한 자신감 혹은 자존감은 이런 작은 성공을 하나씩 이뤘을 때 충만해진다. 내가 영어를 통해서 성격이 바뀌고 인생이 바뀌었듯이 당신도 이런 Small Win작은 성공을 통해서 보다 나은 인생을 살 수 있게 될 것이다. 당신이 진심으로 원하고 바라면 다 이뤄지리라 믿는다.

이 책이 나오기까지 물심양면으로 도와준 가족들에게 감사드린다. 나를 항상 지지해주고 응원해주는 남편과 엄마가 책을 쓰러간다고 하면 언제나 잘 갔다 오라고 말해준 단우와 효주 남매에게 감사한다. 그리고 나를 대신해서 아이들을 돌봐주신 부모님께 진심으로 감사하다. 또한 책을 쓸 수 있는 용기를 주신 한책협 김태광 대표님께도 감사하다. 이렇게 책이 멋있게 나올 수 있게 도와주신 미다스북스 대표님, 실장님, 팀장님께 감사드립니다. 이런 감사한 인생을 살 수 있게 도와주신 내 안의 신께도 감사드립니다.

Nothing great in the world has been accomplished
without passion.

이 세상에 열정없이 이루어진 위대한 것은 없다.
– 게오르크 빌헬름

1. 영알못 영어천재 되는 인생 로드맵

2. 영어천재로 가는 지름길 Q&A 50문 50답

※ 오픽 1타 갓주아쌤의 수강생 후기

영알못 영어천재 되는 인생 로드맵

**START
1단계**

6세 미국인 톰 따라잡기 (고강도 훈련)
영어의 기초 음소단위를 뇌에 저장시키고 '영어 소리튜닝'을 하는 단계이다.
정확한 영어식 호흡, 발성, 입모양, 리듬 등을 영화 한 편으로 몸에 익숙하게
체화시킨다.

1개월
44개 기초 음소단위 훈련을 일주일 동안 집중적으로 한다.
일주일이 지난 후에는 복습차원에서 하루 3개씩 정확한 소리로 연습한다.
영화 대사는 처음 1개월 동안은 하루 10개의 문장만 씹어먹는다.

2개월
음소단위 훈련은 계속 하루 3개씩 집중 연습한다.
이제 영어 소리 내는 것이 익숙해졌을 것이다. 하루 20개의 문장을 씹어먹는다.
전날 했던 것도 중첩해서 연습한다.

3개월
음소단위 훈련은 계속 하루 3개씩 반복적으로 연습해서 몸에 체화시킨다. 처음
1개월째에 비해 영어 소리가 술술 나올 것이다.
이제 하루 30개 혹은 그 이상의 문장을 갖고 씹어먹는다. 물론 그 전에 했던 대
사들도 계속 중첩해서 연습한다.

공통사항 : 전 날 소리 연습한 문장들은 MP3로 녹음해서 돌아다니면서 마치 그
배우가 된 것처럼 감정을 넣어주며 속도, 리듬을 똑같이 해서 하루 종일 섀도잉
한다. 액션 플랜은 매일 작성한다. 암기를 하려고 노력하지 않는다. 입에 붙으면
감사하고 아님 마는 거다.

**BASIC
2단계**

12세 미국인 톰 따라잡기 (레벨업 훈련)
이 단계에서는 읽기와 쓰기 능력을 향상시킨다. 단편 소설 한 권으로 읽기
와 따라 쓰기를 한다. 다이어트로 치면 몸매를 조각하는 단계이다.

이 단계는 본인이 고른 소설을 하루에 몇 장을 할 것이냐에 따라 완료하는 시점이 달라진다. 만약 200p 정도의 소설을 하루에 2p씩 한다면 대략 3개월이 걸린다.

1개월 하루에 2p씩 '소설 씹어먹기' 방법에 따라 읽으면서 받아쓰기를 한다.
처음 2p가 버겁다면 1p씩 했다가 늘려도 된다. 즐겁게 할 수 있는 만큼 하자.

2개월 하루에 2p씩 소설 씹어먹기를 하면서 그 전에 있었던 내용들을 한글 버전으로 보면서 영어로 바꾸기 연습도 해보자. 영어가 비약적으로 발전할 것이다.

3개월 이 정도 기간 동안 충실하게 했다면 당신의 영어는 이제 미국인 6세 수준에서 12세 수준으로 비약적으로 성장한다.
주변 초등학생들의 한국어 수준을 생각해보면 안다. 6세와 12세는 언어를 사용하는 수준이 완전히 다르다.

MASTER 3단계

성인 미국인 따라잡기 (유지단계)
이 단계는 다이어트로 치면 더 이상 살찌지 않게 유지하는 단계이다.
이미 몸짱이 됐고, 계속 몸짱으로 유지하면서 사는 단계이므로 시간 날 때마다 즐기면서 한다.

수칙 1 적어도 일주일에 3번 이상은 영어를 노출시켜준다.
영화, 소설, 뉴스, 관심 있는 분야 교육 다 좋다. 다독 다작이 미덕이다.

수칙 2 최대한 가능한 많이 말할 수 있는 환경을 만든다.
만약 원어민 친구가 없다면 돈을 주고라도 만든다.

수칙 3 주제마다 보편적인 아이디어 키워드 블록을 가능한 많이 만들어 놓는다.
스토리 길게 말하기 연습을 해야 한다.

수칙 4 긍정적인 마인드를 유지하기 위해 긍정적 확언을 매일 하고,
성공과 행복의 언어를 몸과 마음에 매일 체화시킨다.

이제 당신의 인생은 영어로 더 풍요로워지고 더 높은 꿈을 꿀 수 있게 된다!

부록2 영어천재로 가는 지름길 Q&A 50문 50답

"10년째 영알못은 어떻게 100일 만에 영어천재가 되는가?"

1. 영알못이 뭔가요?

'영어를 잘 알지 못하는 사람'입니다. 학창 시절을 포함해 최소 10년 이상 영어를 공부했었지만 외국인 앞에서 영어 한마디 제대로 못하는 사람이지요. 한국인 가운데 열에 아홉은 아마도 영알못일 겁니다.

2. '튜닝'의 뜻이 뭔가요?

튜닝tunung의 뜻은 개조, 최적화, 조율, 조절, 맞춤입니다. 어떤 상황이나 의도에 맞게 자신을 바꾼다는 의미입니다.

3. 마인드튜닝이 무슨 뜻이죠?

마인드, 생각을 바꾼다는 뜻입니다. 영어에 대한 불안, 공포 등의 부정적인 인식을 바꾸고 영알못에서 탈출할 때까지 목표를 잊지 않고 끝까지 갈 수 있게 만드는 과정입니다.

4. NLP가 뭐죠?

NLP란 신경 언어 프로그래밍(Neuro-Linguistic Programming)입니

다. 인간이 가지고 있는 잠재력을 이끌어내서 발달시키는 과정을 연구합니다. 마인드튜닝의 방법들, 액션 플랜, 소리튜닝 등에 적용했습니다.

5. 왜 자기의 언어 습득 유형(선호 표상 체계)을 알아야 하나요?

사람마다 쉽게 공부할 수 있는 방법이 다르기 때문입니다. 자신이 편하게 받아들이는 방식으로 배워야 효율도 좋고 재미있습니다. 귀로 백날 들어봐야 안 됐던 이유, 사전 통째로 외우기가 소용없던 이유가 여기에 있습니다.

6. 마인드튜닝은 왜 해야 하죠?

공부를 시작할 때 세웠던 목표를 까먹기 때문입니다. 뭐든지 하겠다는 처음의 열정이 식기 때문입니다. 점점 '이건 나 못하는데.' '이건 안 해도 되지 않을까?' 이렇게 합리화하면 결코 끝까지 할 수 없습니다.

7. 마인드튜닝은 어떻게 하나요?

목표를 상기시키는 방법으로는 액션 플랜이 있습니다. 최종 목표, 구체적인 목표, 세부 실천 사항, 오늘 할 일을 매일 손으로 쓰고 또 체크하고 피드백합니다. 액션 플랜은 꼭 영어가 아니더라도 목표를 되새기는 데 탁월한 효과가 있습니다.

8. 시험 성적을 최종 목표로 써도 될까요?

아니요! 높은 시험 성적을 얻어서 어떤 모습이 되고 싶은지가 목표입니다. 해외 바이어들과 능수능란하게 회의를 진행하는 나, 여행을 떠나 자유롭게 원어민 친구들을 사귀는 나를 생생하게 상상해보세요.

9. 충격적인 사건도 없었는데 왜 영어가 싫을까요?

실력에 비해 너무 높은 목표를 세워 좌절한 경험, 영어 공부를 나름 열심히 했는데 실력이 늘지 않았던 경험들이 쌓여서 영어나 영어 공부 자체에 대해 불안과 공포가 생겼기 때문입니다. 1단계 소리튜닝, 6세 톰 따라잡기부터 차근차근 목표를 이뤄나가면 영어에 대한 부정적인 이미지를 개선할 수 있습니다.

10. 왜 자꾸 작심삼일 할까요? 뭐가 문제인가요?

당신의 문제가 아니라 누구나 그렇습니다. 학원 수강생의 70~80%는 증발합니다. 더 중요한 것, 더 재미있는 것이 생기죠. 작심삼일을 예방하기 위해, 처음의 의욕을 유지하기 위해 이제 마인드튜닝을 하세요.

11. 소리튜닝이 뭔가요?

영어에 맞게 소리 자체를 바꾸는 것입니다. 소리에는 발성, 호흡, 리듬, 입모양 등이 포함됩니다. 영어를 원어민처럼 할 수 있게 해줍니다.

12. 내용어와 기능어가 뭔가요?

내용어는 의미가 있는 중요한 단어, 기능어는 문법적 기능만을 하는 단어입니다. 내용어에는 명사, 형용사, 부사, 의미가 있는 동사, 부정어 등이 있고, 기능어에는 관사, 전치사, 접속사, 대명사, to부정사 등이 속합니다.

13. 음소단위가 뭔가요?

말소리의 가장 작은 단위, 기본 단위를 말합니다. 영어와 한국어는 음소단위가 다릅니다. 한국어의 음소단위는 뱃속에서부터 부모의 목소리로 뇌에 새겨졌지만, 영어의 음소단위는 우리 뇌에 없습니다. 그렇기 때문에 영어를 배울 때는 음소단위를 따로 훈련해야 합니다.

14. 발성이 뭐죠? 왜 중요한가요?

발성은 성대를 진동시켜 소리를 내는 것을 말합니다. 발성에 따라 소리의 느낌이 달라집니다. 발성 위치는 크게 목, 가슴, 배로 나눌 수 있습니다. 영어는 뱃소리를 쓰지만 한국어는 쓰지 않습니다. 반드시 영어식 발성 훈련이 필요합니다.

15. 발음이랑 소리랑 뭐가 달라요?

발음은 혀, 이, 입술로 소리를 내는 일을 말합니다. 그러나 소리는 발음을 포함하여 발성, 호흡, 리듬, 입모양까지 포괄하는 더 큰 개념입니다. 발음이 좋아도 외국인이 알아듣지 못하면 소리를 이루는 다른 요소에 문제가 있을 수 있습니다.

16. 영어하는 데 호흡이 왜 중요하죠?

한국어로 말할 때 호흡과 영어일 때 호흡은 다릅니다. 유창하고 길게 말할수록 차이가 확실해집니다. 한국어식 호흡으로는 영어로 유창하게 말할 수 없습니다. 해낸다고 하더라도 부자연스럽게 들립니다.

17. 입모양까지 따라할 필요가 있나요?

입모양을 중요하게 생각하는 사람은 드뭅니다. 하지만 한국어를 쓰는 사람에 비해 영어를 쓰는 사람은 입이 크고 하관이 발달되어 있습니다. 신체적 특징을 변하게 할 정도로 입모양이 다르기 때문에 영어를 제대로 하려면 입모양까지 바꿔야 합니다.

18. 토익 점수가 500도 안 돼요. 소리튜닝해도 되나요?

토익에도 듣기 분야가 있지만 말하기에 비하면 암기, 시험 문제풀이라고 할 수 있습니다. 소리튜닝은 시험을 위한 공부가 아니라 영어로 의사소통을 하기 위한 훈련입니다. 토익을 전혀 못해도 좋습니다. 어쩌면 당신은 토익이 아니라 스피킹에 재능이 있는 사람일지도 모를 일입니다.

지금 당장 소리튜닝을 시작하세요.

19. 영어를 놓은 지 10년이 넘었어요. 저도 될까요?

모든 아기들은 아무 것도 모르는 상태에서 언어를 배우기 시작합니다. 소리튜닝은 아기들이 모국어를 배우는 과정을 흉내 내는 훈련입니다. 20세든 50세든, 영어를 얼마나 하든 아무런 상관이 없습니다. 이제 막 태어난 아기라는 마음으로 시작하세요.

20. 아이에게 음소를 가르치고 싶은데 어떻게 하나요?

유아라면 TV를 영어 채널로 설정하시고 재미있는 만화나 유아용 프로그램을 틀어놓으시길 권합니다. 자연스럽게 영어 음소를 뇌에 입력시킬 수 있습니다. 스스로 TV를 조절할 나이가 된 아이라면 카드를 만들어 하나하나 천천히 이해할 때까지 들려주세요. 주의하실 점은 절대로 강요해서는 안 된다는 점입니다. 영어를 공부라고 인식하면 안 됩니다.아이가 싫어하면 잡아두지 말고 흥밋거리만 제공해주세요. 그렇게 다시 관심을 보이면 다시 훈련을 시작해야 합니다.

21. 강세와 효율 영어 연습할 때 어떤 식으로 몸을 움직여야 하나요?

영어를 리듬을 타며 흐르는 영어입니다. 디스코 추듯 손가락으로 허공을 탁탁 찌르는 등 리듬이 끊어지는 동작은 추천하지 않습니다. 손가락을 물 흐르듯 움직이거나, 파도에 몸을 맡긴 것처럼 몸을 흔드는 것이 좋습니다.

22. '소리튜닝 영어'와 '큰 소리를 내는 영어'는 뭐가 다른가요?

소리튜닝도 소리를 크게 내면 좋습니다. 한국인들의 음역대와 소리가 기본적으로 작은 편이기 때문이지요. 하지만 큰 소리만 내서는 안 됩니다. 정확한 영어식 발성, 호흡, 리듬을 유지해야 힙니다. 근본적인 원리가 다릅니다.

23. 영어로 생각해야 영어를 잘할까요?

간혹 영어식 사고를 강조하는 공부법이 있습니다. 그렇게 할 수 있다면 좋겠지만 이미 10년, 최소 20년 이상 한국어를 모국어로 두고 살았기 때문에 그렇게 되기는 정말 힘듭니다. 차라리 한국어를 영어로 빨리 바꾸는 훈련을 하기를 권합니다. 통역사들이 하듯, 한국어 스크립트를 보고 영어로 말하는 연습을 추천합니다.

24. 소리튜닝을 왜 해야 하죠?

영어와 한국어는 주파수, 음역대, 발음, 호흡, 리듬, 입모양 등 소리 자체가 다릅니다. 때문에 영어를 제대로 하려면 반드시 소리튜닝을 해야 합니다. 안 그러면 한국식 영어가 나올 수밖에 없습니다.

25. 영화만 100번 보면 영어가 될까요?

영화만 100번 봐도 되는 사람이 있습니다. 언어에 재능이 있다는 사람들이죠. 하지만 그게 아니라면 1,000번 봐야 될 수도, 1,000번 봐도 안 될 수도 있습니다. 영어를 하려면 먼저 자신의 정보 습득 유형을 파악한 후에, 그 유형에 맞는 방법으로 소리튜닝해야 합니다.

26. 소리튜닝할 때 어떤 영화를 보나요?

자신이 수십, 수백 번을 봐도 질리지 않을 영화, 좋아하는 영화를 고르면 됩니다. 다만 액션보다는 대화가 많은 영화를 추천합니다. 애니메이션도 발음이 정확하고 느리기 때문에 괜찮지만 입모양을 따라 하기 힘든 사정은 고려하셔야 합니다.

27. 영화 대신 팝송 들어도 되나요? 미드는요?

영화의 장점은 주어진 상황과 뉘앙스에 맞는 표현을 습득할 수 있다는 것입니다. 팝송은 시적이기 때문에 생략이 많으며 일상에서 쓸 수 있는 표현을 얻기 어렵습니다. 미드도 좋지만 워낙 다양한 에피소드와 시즌이 있어서 일정 부분만 반복하는 데 유혹이 많습니다.

28. 소리튜닝 하면서 읽기 쓰기도 같이 하면 안 되나요?

같이 해도 되지만 효율이 떨어지고 집중이 힘듭니다. 다이어트할 때 체지방을 빼면서 근육도 만들 수 있지만 대부분의 전문가들은 짧은 기간 집중적으로 체지방을 뺀 이후 근육 운동을 하라고 권합니다. 살이 빠지는 속도가 더뎌 금방 지치기 때문이죠. 소리튜닝도 마찬가지입니다.

29. 알파벳을 먼저 가르칠까요, 소리튜닝부터 할까요?

소리튜닝이 먼저입니다. 알파벳이라기보다는 음소단위 훈련을 권합니다. 음소단위 44개 카드를 만들어 하나하나 이해할 때까지 천천히 반복해 훈련시키는 것이 장기적인 영어 공부 측면에서 순서에 맞습니다.

30. 10살짜리 아들한테 소리튜닝을 시키고 싶어요. 동기부여를 어떻게 시킬까요?

어른들은 필요에 의해 시작할 수 있지만 아이들은 아직 영어의 필요성을 모릅니다. 그렇다고 '해!' 한다고 해서 할 리가 없죠. 영어가 재미있다는 것, 필요한 것이라는 의식부터 심어주세요. 게임을 좋아하는 아이라면 영어로 진행되는 게임 방송을, 연예인을 좋아하는 아이라면 연예인의 해외 인터뷰를 보여주면서 동기부여를 시켜주세요.

31. 3시간 너무 길어요. 하루에 10분씩만 하면 안 되나요?

하물며 다이어트를 해도 초반에 체중을 줄이는 기간에는 하루에 1~2시간 운동을 해야 합니다. 영어도 초반 100일 동안 3시간은 투자해야 합니다. 하루에 10분씩은 훈련을 모두 끝낸 후 유지기에 가능한 방법입니다. 시간 투자는 반드시 해야 합니다.

32. 직장인인데 3시간을 어떻게 내요?

시간을 어떻게든 내야 합니다. 아침에 1시간 일찍 일어나고, 저녁 때 1시간 늦게 자고, 출퇴근 시간과 점심시간 등 자투리 시간을 합하면 3시간 충분합니다. 시간을 못낸다는 것은 핑계입니다.

33. 1단계 끝내고 2단계는 안 해도 되나요?

자신의 선택입니다. 1단계 훈련이 끝나고 라이팅과 리딩까지 잘하고 싶으면 2단계로 넘어가면 됩니다. 하지만 1단계가 자연스럽게 끝나면 욕심이 생길 겁니다. 말하는 걸 잘하고, 말하는 게 재미있으면 더 하고 싶어질 겁니다.

34. 단어는 어떻게 외우나요?

학생들은 보통 일대일 매칭으로 외웁니다. 하지만 단어를 이렇게 외우면 일상에서 꺼내쓰기가 힘듭니다. 단어는 뉘앙스로 외워야 합니다. '소중하다'는 뜻도 모르는 6살짜리 아이가 골룸의 '마이 프레셔스!'를 흉내 내며 장난치는 것처럼요.

35. 영어 하나도 할 줄 모르는 데 어학연수 가도 될까요?

아니요. 최소한 소리튜닝을 끝내고 가기를 추천합니다. 가능하면 2단계까지 끝내고 실전 적용 단계, 유지단계에서 가세요. 아무것도 모르는 데 높은 벽에 부딪히면 오히려 시간 낭비, 돈 낭비만 하고 실력은 전혀 늘지 않고, 영어를 싫어하게만 될 수도 있습니다.

36. 말하면 듣기가 된다고요? 그럼 듣기만 해도 말하기가 되나요?

아니요. 내가 말하는 대로 들리니까, 말하기가 되면 듣기는 저절로 됩니다. 하지만 그 반대는 안 됩니다. 토익 리스닝 점수는 만점인데 한마디도 못하는 친구들이 많습니다.

37. 소리튜닝하고 나서 영어 일기 쓰기 시작해도 될까요?

2단계를 끝내고 하기를 추천합니다. 일기 쓰기는 자신의 생각을 자신만의 방식으로 표현하는 것입니다. 겨우 입을 뗀 6세 아이가 술술 일기를 쓸 수는 없습니다. 받아쓰기, 필사부터 시작합시다.

38. 소설책은 어떤 걸 고르나요?

영화랑 같습니다. 수십, 수백 번 봐도 괜찮을 책을 고릅니다. 다만 너무 긴 것이 아닌 단편 소설이 좋습니다. 또한 판타지, 시대물, 고전보다 현대극이 좋습니다. 평소에 해리포터 주문을 쓸 일이 있거나, 사극 톤으로 영어를 하고 싶은 것이 아니라면요.

39. 아무 생각 없이 그냥 필사하면 되나요?

처음에는 당연히 아무 생각 없이 필사하게 됩니다. 모르니까요. 하지만 시간이 가고 양이 늘수록 문장의 구조, 단어의 뜻, 표현의 뉘앙스가 보일 겁니다. 머리 터지게 사전 외우지 않아도 자연스럽게 터득하게 됩니다.

40. 아무 말이나 하는 게 아니라 하필 왜 긍정적인 문장을 필사하나요?

공부를 하면서 어쩔 수 없이 드는 부정적인 감정에서 빠져나올 수도 있고, 무엇보다 긍정적인 표현을 알게 되기 때문입니다. 한국어도 마찬가지지만 긍정적인 단어, 표현을 쓰는 사람에게 더 호감이 갑니다. 나의 영어 표현을 긍정적인 감정으로 채웁시다.

41. 영어 사전을 외우는 게 전혀 도움이 안 될까요?

단어를 많이 아는 것은 좋습니다. 어떻게든 꺼내 쓸 수 있으니 나쁘지는 않죠. 하지만 사전의 의미로만 단어를 외우면 일상에서 어떤 상황이 닥쳤을 때 바로바로 단어가 떠오르지는 못합니다. 시간 대비 효율성도 많이 떨어집니다.

42. 저널과 단어장이 무슨 차이가 있죠?

단어장은 일대일 매칭입니다. 하지만 저널은 그 상황을 함께 적고, 의미를 스스로 추측해보고, 그 표현이 쓰인 문장을 함께 외웁니다. 나중에 비슷한 상황에서 표현을 쓰기가 훨씬 쉽고 편합니다.

43. 단어는 많이 아는데 말이 안 나와요. 왜죠?

뉘앙스를 모르기 때문입니다. confess = 자백하다. 이렇게 외우면 '자백하다'라는 한국어 단어가 제시되어야 confess가 떠오릅니다. 실제로 단어가 많이 쓰이는 '털어놓다, 솔직히, 사실은' 등의 뉘앙스에서는 confess를 떠올릴 수 없죠.

44. 영어로는 길게 말하기가 어려워요. 어떻게 하죠?

크게 두 가지 이유가 있습니다. 첫째, 한국어로도 길게 말하지 않는다. 둘째, 영어식 소리를 제대로 훈련하지 않았다. 한국어로도 길게 말하는 연습을 하세요. 그리고 영어의 호흡, 발성, 리듬을 연습하면 길게 말하기가 훨씬 쉬울 겁니다. 마지막으로 의미 단위 블록을 만들어 놓으면 조금 더 편할 겁니다.

45. 누가 뭘 물어보면 아무 생각이 안나요. 어떻게 하죠?

사실 갑자기 물어보면 한국어로도 잘 생각이 나지 않지요. 긴장을 줄이고 대화를 수월하게 하기 위해서 아이디어 블록을 만드세요. 누군가 무언가를 물어본다는 전제하에 미리 대답을 준비해놓는 겁니다. 그리고 응용합니다. 예를 들어 '근처에 괜찮은 카페를 추천해줄래?'라는 질문에 대한 대답을 준비해놓으면, '근처에 괜찮은 식당을 추천해줄래?'라는 질문에도 같은 표현을 써서 쉽게 대답할 수 있겠죠?

46. 왜 스피치를 봐야 하는 거죠?

스피치는 최고의 교재입니다. 정제된 단어와 표현, 발성, 호흡, 리듬을 배울 수 있는 데다 구어체를 쓰고 있기 때문입니다. 게다가 주로 긍정적인 성공 메시지를 담고 있으므로 내용적으로 배울 면이 많습니다.

47. 굳이 왜 소리튜닝하죠? 그냥 문장을 외우면 되는 거 아닌가요?

문장을 외워서 상황이 되면 툭 튀어나오게 훈련할 수는 있습니다. 그런데 과연 외국인이 알아들을까요? 영어는 의사소통 수단입니다. 말하기가 중요한 것이 아니라 상대가 알아듣도록 말하기가 관건입니다.

48. 그냥 외국에 몇 년 살면 되지 않나요?

세계 각지에 많은 한국인들이 있습니다. 그 중에서는 외국에 나가서 산 지 10년이 넘었는데도 영어 한마디 못하는 사람들이 수두룩합니다. 외국에 나가서도 영어 안 쓰고 살려면 살 수 있기 때문입니다. 외국에 나가기만 하면 저절로 영어를 잘하게 될 거라는 믿음은 금물입니다.

49. 2단계까지 다 하면 이제 영어 안해도 되나요?

훈련으로서의 영어는 끝이라고 할 수 있습니다. 하지만 영어는 운동과 같기 때문에 쓰지 않으면 퇴화해버립니다. 언제나 특별한 훈련을 할 필요는 없고, 하루에 10분, 15분씩이라도 좋아하는 방식으로 영어를 즐기면 됩니다.

50. 진짜 100일만에 영어천재가 될 수 있을까요?

당연히 진짜로 100일만에 당신은 영어천재가 될 수 있습니다. 영화 한 편을 잘근잘근 씹어먹고, 소설 한 편을 또 잘근잘근 씹어서 완전히 소화할 때까지 반복해보세요. 당신은 반드시 영어천재가 되어 있을 것입니다. 물론 이 책을 정독하면서 반드시 소리튜닝의 원리에 따라 해야 합니다. 건투를 빕니다!

● 오픽 1타 갓주아쌤의 수강생 후기

▶ 주아쌤 오픽! 진짜 최고의 수업!!

주아쌤 오픽 수업 듣고 IH받았어요!! 올해 가장 잘한 일이 주아쌤 수업 들은 거예요!ㅠㅠ 진짜 선생님의 수업은 최고였어요ㅠㅠ 선생님이 발성부터 억양, 발음 하나하나 완벽하게 잡아주세요! 무엇보다 카톡으로 일대일 피드백도 주시고ㅠㅠ 그래서 토종 한국인의 영어 발음에서 벗어날 수 있었어요!ㅎㅎ 무엇보다 선생님의 열정 넘치시는 연기! ㅎㅎ 덕분에 즐겁게 공부할 수 있었어요! 주아쌤의 수업에 감탄 또 감탄했습니다! ㅎㅎ 주아쌤 아니었으면 진짜 성적 절대 못 받았을 거예요ㅠㅠ 주아쌤 수업 듣고 모두 원하는 성적 받으시면 좋겠어요!

— gkwltjs0***(2018-01-26)

▶ 영포자도 IH가 가능합니다! 완전 강추예요!!

저랑 비슷한 토익 성적을 가진 지인이 오픽 IH를 땄다는 소문을 듣고 바로 연락하여 주아쌤 강의를 추천받았습니다. '2주 만에 어떻게 그렇게 성적을 딸 수 있겠어?' 하는 의심과 '혹시?' 하는 기대를 가지고 수업을 들었는데, 첫 수업에 한 발성부터 너무 좋았습니다.

영어에 자신감도 없고 발음에 대한 콤플렉스도 있었는데 과제를 하고 제 목소리를 들으면서 점차 뿌듯하고 자신감도 늘어갔습니다. 주아쌤의 피드백과 칭찬을 보면서 더 동기부여가 되었고 친구들한테도 녹음 파일 보내면서 즐겁게 과제를 했던 것 같습니다.

사실 시험은 망한 줄 알았는데 저도 IH를 받았습니다!!! 저도 모르는 새에 입에 붙었는지 시험장에서 횡설수설하다가 갑자기 입에서 먼저 툭 내용이 나와서 신기했습니다. 쌤한테 너무 감사하고 영어를 너무 싫어했던 저에게 '영어가 재밌을 수 있구나!' 느끼게 해준 보람찬 2주였습니다. 과제를 더 열심히 해서 AL을 받을 걸, 아쉬움도 남지만 저에겐 이 점수도 과분합니다 ㅠㅠ 다른 분들도 주아쌤 강의 듣고 과제하고 쌤의 말을 믿으면 성적은 알아서 따라올 거라고 생각합니다! 완전 강추합니다!!! – tpal*** (2017-12-20)

▶ 2주 공부하고 한번에 AL 받았어요!! 갓주아 완전 강추!!

크ㅠㅠㅠ 주아쌤은 저의 구세주세요. 저한테 딱!! 맞는 수업이었어요!! 저는 공부하면서 2주 안에 목표 점수를 따야 한다는 압박감 때문에 너무 힘들었는데 그때마다 주아쌤이 수업 중간중간 좋은 말씀해주셔서 긍정적으로 생각할 수 있었고 무엇보다도 포기하지 않고 계속할 수 있었어요. 정말정말 그때 포기하지 않은 게 너무나도 다행이에요!! 2주 공부하고 첫 오픽 시험에 최고등급 AL받은 건 주아쌤 수업 들은 게 신의 한 수였다고 생각합니다!! 주아쌤 완전 초초강추!!
　– value9*** (2018-05-30)

▶ 주아쌤 덕분에 3주반 수강하고 한번에 IH 땄습니다!!

정말 너무 감사드립니다, 선생님!! 선생님 강의 덕에 한 번에 빠르게 딸 수 있었던 것 같습니다 ㅠㅠ 선생님 말씀대로 선생님이 정말 열심히 만들어주신 대본이 서로 호환도 되고 짜깁기도 되어서 돌이켜보면 외울 게 많이 없다는 말씀이 정말 맞는 것 같아요 ㅠㅠ 정말 기분 좋네요! 이게 다 구세주 갓주아쌤 덕분인 것 같습니다!! – opar*** (2018-06-04)